U0925871

寻找法律史上的失踪者

陈新宇／著

Xunzhao Falushi Shang De Shizongzhe

广西师范大学出版社
GUANGXI NORMAL UNIVERSITY PRESS
·桂林·

图书在版编目（CIP）数据

寻找法律史上的失踪者 / 陈新宇著．—桂林：广西师范大学出版社，2015.1（2015.4 重印）
ISBN 978-7-5495-6262-6

Ⅰ．①寻… Ⅱ．①陈… Ⅲ．①法律工作者－人物研究－中国－近代 Ⅳ．①K825.19

中国版本图书馆 CIP 数据核字（2014）第 298772 号

广西师范大学出版社出版发行
（广西桂林市中华路 22 号 邮政编码：541001
网址：http://www.bbtpress.com）
出版人：何林夏
全国新华书店经销
广西大华印刷有限公司印刷
（广西南宁市高新区科园大道 62 号 邮政编码：530007）
开本：880 mm × 1 240 mm 1/32
印张：5.75 字数：110 千字
2015 年 1 月第 1 版 2015 年 4 月第 2 次印刷
定价：26. 00 元

自　　序

多年前曾读朱学勤先生的《思想史上的失踪者》（《书斋里的革命》，长春出版社1999年版），心有戚戚焉。不揣浅陋，东施效颦，故有本书之名。

“接飞花坠叶，作因缘观”，本书主要机缘有两种。2002年蒙刘广安先生推荐，有幸受教于李贵连先生。李教授是晚清修律大臣沈家本的隔世知己，经他研究推动，为“文革”后的中国法学界复原了沈家本这一中国近代法律史上的枢纽人物，展示了晚清法律改革波澜壮阔的历史画面。燕园三年，见贤思齐，我萌发了研究沈氏周围法政人物之兴趣。2003年，《南方周末》刊登了万静波等人的《被遗忘30年的法律精英》，围绕着《英美法词典》的编纂历程，讲述了一批东吴法学院老人可歌可泣的故事，引起广泛关注。在此前后，我曾数次拜访该词典的总审订潘汉典先生，潘老淡泊宁静的君子风范、精益求精的学术态度让人钦慕，使我对民国法律人有了更直接的经验感受，拨动我深入理解时代中人之心弦。

“半世浮萍随逝水，一宵冷雨葬名花”，晚清民国是中国法律史上的大变革时代，伴随传统中华法系的解体和近代法律体系的建构，时代中的法律人通过知与行演绎着各自法律的故事。相对于制度变迁的冰冷无情，这些法律故事有血有肉，见证了法治中国的百年历程。有如许章润先生提出的“续根”命题，今天对他们的研究，既是重建史实，还以历史公道，亦能从中窥得思想与学术的传承，领会文化与文明的碰撞，体察国家与社会的转型，感悟人生与人心的变迁。钱穆先生曾言：“所谓对其本国以往历史有一种温情与敬意者，至少不会对其本国以往历史抱一种偏激的虚无主义，亦至少不会感到现在我们是站在以往历史最高之顶点，而将我们当身种种罪恶与弱点，一切诿卸于古人。”（《国史大纲》卷首语）诚哉斯言!这不仅仅是我们对待国史的态度，也应该是我们对待近代法律人的态度。

“回首向来萧瑟处”，10余年间，关注了10位人物，完成本书的8篇论文和2篇随笔，只涉及近代法律人群体一个小小的侧影，离该课题整体性、观念化的研究鹄的仍有差距。尽管集腋未必成裘，惟仍可慰怀的是，我坚持研究初衷，基本完成每一至两年研究一人的计划目标，展示了近代法律人多姿多彩、不为人知的一面。所谓愚者千虑，必有一得，以我注六经立场，从一手资料入手，自己发现问题，展开考据论证，亦能有一己心得与管见，从这点看，乃有充分信心自诩为一个法史学小小的补锅匠。同时也期待拙著有抛砖引玉之效，可以吸引更多的学术同好，加入到这一有意义的课题的研究中来。

是为序。

陈新宇

2014年4月14日 于明理楼

目　录

谁在阻挠《大清新刑律》的议决？

——章宗祥回忆辨伪及展开

引　言

2011年是辛亥革命一百周年，亦是《钦定大清刑律》（通称《大清新刑律》）颁布一百周年，革命宣告了从帝制到民主共和的跨越，却没有割裂其法律之间的纽带。民国元年（1912年）四月三十日，北京的临时参议院在删除《钦定大清刑律》中与共和国体冲突的章节条款及维护古代纲常礼教的《暂行章程》后，冠之以《暂行新刑律》之名，[1] 后者成为民国初期最主要的刑事法源。清末修律的最新成果，得以接受民初社会之检验。当革命以快刀斩乱麻的方式解决了法统延续问题的同时，也湮灭了《大清新刑律》的潜在争议，时光的流逝，更淹没了当年不少多姿多彩的修律故事。今天的我们，在某种进化史

[1] 参见黄源盛：《民元〈暂行新刑律〉的历史与理论》，收入氏著：《民初法律变迁与裁判（1912—1928）》，台湾政治大学法学丛书47，2000年，第197页以下。

章宗祥

观惯性思维的支配下，容易将复杂的历史问题予以简单化处理。本文的目的，即试图复原和反思当年新刑律制定的一个重要阶段——资政院议决。[1] 切入点，乃一位“法律史上的失踪者”[2] ——章宗祥。

一

作为历史人物，章宗祥以五四运动“卖国贼”之形象常驻于人们记忆之中，但其作为法律人之一面，似乎鲜为人知。清末，这位“熟悉的陌生人”留学日本，毕业于东京帝国大学法科，回国后无论是担任京师大学堂刑法教习，还是任职修订法律馆、内城巡警总厅、宪政编查馆等部门，所从事之工作皆与法律关系密切。清季引发激烈“礼法论争”的《大清新刑律》，章氏躬逢其盛，法案起草、议场论辩、密室谋划，皆可见其身影，可谓重要的参与者与见证人。

鉴于章宗祥的特殊地位，他的回忆性文章《新刑律颁布之经

[1] 关于新刑律编纂七个法案的全面梳理，可见陈新宇：《〈钦定大清刑律〉新研究》，《法学研究》2011年第2期。但拙文限于旨趣和篇幅，资政院议决这一阶段没有深入展开分析讨论，本文即试图弥补其阙。

[2] 有学者提出寻找“思想史上的失踪者”一说，发人深思。参见朱学勤：《思想史上的失踪者》，收入氏著：《书斋里的革命》，长春出版社，1999年。

过》[1]，自然成为了解该段法典编纂史的重要资料，其中，又以资政院议决这一部分最吸引眼球。原因有二，一是程序层面，一是论争层面。

从程序上讲，资政院议决是法典制定的新程序。清季法律改革，法典制定程序伴随制度变迁，前后有过变化：前期是修订法律馆负责编纂后，经宪政编查馆分咨内外各衙门签注，再咨覆宪政编查馆，汇择核定，请旨颁行；后期在资政院成立及其制度完善后，不再分送各部、省讨论，而是送资政院议决，再移送到宪政编查馆复加核定，由资政院总裁、副总裁会同军机大臣具奏请旨裁夺。[2] 军机大臣对资政院议决事件如不以为然，得声叙原委事由咨送资政院覆议。当双方无法取得一致意见时，则分别具奏，由皇帝裁决。[3]

新刑律在编纂过程中，恰逢资政院于宣统二年九月成立，所以它既经历了中央和地方的签注，还需要经历作为将来上下议院基础的资

[1] 收入中国人民政治协商会议全国委员会文史资料委员会编：《文史资料存稿选编》第1册，中国文史出版社，2002年。就笔者了解，李欣荣、孙家红分别是历史学界和法学界最早注意到这一重要资料的两位学者，但他们的文章中皆没有对该段史料的真实性予以质疑。详见李欣荣：《清末修律中的废刑讯》，《学术研究》2009年第5期；孙家红：《清末章董氏〈刑律草案〉（稿本）的发现和初步研究》，《华中科技大学学报》（人文社科版）2010年第3期。

[2] 参见《奏议覆修订法律办法折》，收入故宫博物院明清档案部编：《清末筹备立宪档案史料》（下），中华书局，1979年，第850页以下。

[3] 参见《改订续订资政院院章》第十七、十八条，收入志伊斋：《庚戌资政院议案章》，上海征文社印行，文海出版社影印。

政院之议决，虽然它最终颁布仍需上谕钦定，但在立宪背景之下，资政院此关无疑是有别旧制的民主亮点。

从论争上讲，资政院的论辩是新旧两派最后的决战。从光绪三十三年（1907年）沈家本等人上奏新刑律第一案引发“礼法论争”开始，新旧两派在经历长时间的拉锯对峙后，终于迎来宣统二年十一月至十二月（1910—1911年）在资政院的集中论辩，一决胜负，期间唇枪舌剑、风云变幻，值得特别关注。

对资政院议决这一特殊阶段，章宗祥在回忆中予以浓墨重彩，其大意为：在资政院中，劳乃宣等旧派知道议员中新派占据多数，辩论取决不能获胜，所以用消极抵制之法，每遇此案列入议程，辄动议先议他案，一般议员因为新刑律烦重，非顷刻所能议决，往往赞成。在资政院会期届满之时，新刑律甚至还未付议。经其与沈家本努力，说服资政院总裁溥伦将会期展期十日，力图专议新刑律。但反对议员仍然利用政治上之问题，提紧急动议，予以阻延，使得时限将至，新刑律仍未讨论。面对危局，在资政院会期的最后一日，章宗祥以政府委员身份发言，在他鼓动之下，新刑律终于付诸议决。从下午两点开议，至晚上七点议完总则。晚九点续议，新派依之前的密议，令人严封议场，防止旧派离场以免人数不足，同时合纵连横，争取蒙古、西藏等处代表，终于在晚上十一点之时，通过分则，完成新刑律的全部议决。[1]

章氏这段描述可谓绘声绘色，议决过程之钩心斗角、暗流汹涌，跃然纸上，极富戏剧性，但好听的“故事”未必就全是史实，当代读者请勿将其当作研究“猛料”，信以为真。一部四百多条的重要法典在短短一天之内、区区七小时之中便全部议完，不管其过程如何省略程序，也不免让人有几近儿戏之感。实际上，只要对照当年“实录”性质的《资政院会议速记录》[2]，便可证其虚。而其传递出来符合一般想象“事实”之重要信息——“旧派阻挠新刑律的议决”，则需要下一番功夫考证辨伪，在澄清事实基础上的意义解读，亦发人深省。

二

问题一，新刑律在资政院付诸议决为何一拖再拖？

宣统二年十一月初一日（1910年12月2日），新刑律议案在资政院第一次常会第二十三次会议上开议，经政府特派员说明主旨及议员质疑后，交付资政院法典股员会审查。[3] 在法典股员会完成审查后，法典股的副股长汪荣宝于宣统二年十二月初六日（1911年1月6日）第

[1] 参见章宗祥：《新刑律颁布之经过》，收入中国人民政治协商会议全国委员会文史资料委员会编：《文史资料存稿选编》第1册，中国文史出版社，2002年，第36-37页。

[2] 台湾政治大学基础法学中心藏书。

[3] 《资政院会议速记录》第一次常年会议第二十三号议场速记录。

三十七次会议上做了修订情况的报告，并付诸资政院再读。[1] 当时的情况是，依据立宪计划，新刑律预定在宣统二年颁布，而资政院第一次常会将在宣统二年十二月十一日（1911年1月11日）闭会，由于时间急迫，所以从宣统二年十二月初六日到初九日，在第三十七次会议到第四十次会议上，新刑律经历了快速同时伴随极其激烈论争的再读程序。

新刑律从第二十三次会议上开议，到第三十七次会议才付诸再读。依据《资政院会议速记录》，可发现在第二十九次会议和第三十次会议上，议程安排的第二项皆有关于新刑律议案之报告，而结果却都没有付诸实施，那么到底有什么变故呢？

答案就是议程发生了变更。在第二十九次会议上，议员于邦华主张将议程第三项“提议陈请全国禁烟办法议案”提前先议，汪荣宝反对无效。该项议完之后，又有议员余镜清主张先议第四项“提议陈请浙江铁路公司适用商律议案”，汪荣宝认为应该仍按顺序先议第一项“试办宣统三年岁入岁出总预算案”，易宗夔支持汪荣宝，而邵羲、吴赐龄认为可以变更，许鼎霖主张先议原定议程的第四至第六项，获得多数赞成。[2] 在第三十次会议上，议员李文熙又主张先议议程第三

[1] 《资政院会议速记录》第一次常年会议第三十七号议场速记录。

[2] 《资政院会议速记录》第一次常年会议第二十九号议场速记录。

项“提议陈请川路倒款关系公司律存废议案”，获得赞成。[1]

那么议程变更，真的是章宗祥讲的旧派之拖延伎俩乎？管见以为未必。

首先，需要以一相对客观的标准来鉴定章氏所谓的新、旧两派（也即“法理派”与“礼教派”）。必须指出，近代人物在急剧转型的社会时空之下，以“变”乃至“善变”为其主要特征。新思想、新思潮层出不穷，昨日之新可能便是今日之旧；为求不落伍，主动被动之间，亦不免“以今日之我反对昨日之我”。所以近代何谓新？何谓旧？界限并非泾渭分明，处于流变状态，需要具体分析。

在章宗祥的语境下，我觉得可以把新刑律论争中争议最大的“无夫奸是否入罪”在表决时之投票倾向作为一甄别标准。依据古代中国家族本位的刑律，在室女或寡妇自愿与人发生性关系有辱门风、紊乱血统，是违反礼教的犯罪行为，所以古代律典规定：“凡和奸，杖八十”[2]，而依据近代西方个人本位的刑法，这一行为是个人自由之体现，国家不应干涉。主张无夫奸去罪化，从当时的社会文化来看，的确是骇人听闻的，从投票倾向上，可以大致看出当时的新、旧之立场倾向。当时新派及其支持者持蓝票，主张去罪化，旧派及其支持者

[1] 《资政院会议速记录》第一次常年会议第三十号议场速记录。

[2] 参见《大清律例》“犯奸”条，其对“有夫者”通奸，则杖九十。当代台湾地区、韩国刑法中的通奸罪，指的是有配偶者与人通奸。古代中国的通奸罪，乃以女性为中心，区分其“有夫”“无夫”之情节，与之通奸的男子则与其同罪。

持白票，主张入罪，故有蓝白票之争。有意思的是，围绕着蓝白票合纵连横之机缘，还促成了清季政党的产生，其中部分白票党人组成“宪政维持进行会”，部分蓝票党人组成了“政学（公）会”，[1]可谓“无心插柳柳成荫”了。堪称幸运的是，当时票面必须写上议员的名字，该名单[2]保留了下来，可作今天判断之用。

依据当时蓝白票名单，在主张及支持变更议程的议员中，于邦华、许鼎霖为白票者，余镜清、李文熙、邵羲、吴赐龄为蓝票者[3]，可以说是代表新派或其支持者的蓝票者居多，提前议决事项，也基本得以当场议完。如果说是旧派或其支持者阻挠，那么新派或其支持者同样也有变更议程的举动，又如何解释呢？所以章氏的说法显然不客观。

[1] 参见张玉法：《清季的立宪团体》，“中央研究院”近代史研究所专刊（28），1985年再版，第479页以下。

[2] 该名单可见《资政院会议速记录》第一次常年会议第三十九号议场速记录；亦可见（清）劳乃宣：《新刑律修正案汇录》，收入《桐乡劳先生（乃宣）遗稿》，文海出版社影印本，第1052-1053页。

[3] 依据姚光祖：《清末资政院之研究》（台湾大学政治研究所硕士论文，1977年，第377页以下），此六人的情况如下：

座次	省别	姓　名	当选年龄	籍贯	传统功名	新式教育	曾任职衔	附注
110	直隶	于邦华	41	枣强	贡生			民选议员
115	江苏	许鼎霖	52	海州	举人			民选议员
134	浙江	余镜清	31	宁波府	廪贡			民选议员
137	浙江	邵　羲	35	杭州府	廪贡	日本法政大学		民选议员
177	四川	李文熙	31	奉节	举人	京师大学堂师范科	内阁中书	民选议员
190	广西	吴赐龄	36	融县	副贡			钦选议员

其次，在第三十次会议议完李文熙主张的第三项后，从第三十次至第三十六次会议，仍按照预定议程安排，议决原来的第一项总预算案，该案关系国计民生，意义重大，自然需要耗费时间。因此汪荣宝迟迟才作新刑律的报告，笔者认为是被顺延而不是被故意拖延之结果。

三

问题二，在这种情况下，新刑律又是如何通过的呢？

宣统二年十二月初八日（1911年1月8日）的第三十九次会议，“无夫奸”问题付诸表决，旧派大获全胜。首先确定是否入罪，结果白票77票，蓝票42票，认为有罪；其次是条文位置问题，通过起立方式表决，赞成定于正文的61人，赞成定于《暂行章程》的49人。据两次表决之结果，无夫奸不仅是有罪，还要写入法典的正文而不是留存于过渡性的《暂行章程》。[1] 携此大胜，从常识上看，以劳乃宣为代表的旧派自然希望“宜将剩勇追穷寇”，趁热打铁继续开议才对。但恼羞成怒的新派亦有应对之策，他们商定在第二天罢会。新派的重要

---

[1]　《资政院会议速记录》第一次常年会议第三十九号议场速记录。

人物汪荣宝在日记中就记载了重要信息：陆宗舆书告其毋往资政院。[1] 陆氏这位五四运动的另一知名“卖国贼”，此时是资政院的硕学通儒议员，他与汪荣宝、曹汝霖、章宗祥在晚清新政中无役不往，活跃异常，时人戏称为“四金刚”[2]，皆为新派中的重要人物。

新派众人不到场，首先造成资政院人数不足，当天会议被迫延至下午四时，才凑足106人，达到开会所需的三分之二人数，可以开议，但作为法典股副股员长的汪荣宝不来，没有解释新刑律疑义的合适人选，只能先议他项议程，等候汪氏，惟汪荣宝始终不至。[3] 其日记谈到“屡有电话来（宪政编查）馆，述议长命促往，诡词却之”[4]，一语道出真相！那厢资政院勉强议完新刑律的一则条文（第289条），人数又已不足，无奈只能草草散场。[5]

宣统二年十二月初十日（1911年1月10日），汪荣宝在日记中谈到，经他和陆宗舆、章宗元（章宗祥之兄）等人发起，蓝票者于当天九点至十二点在财政学堂开会协商，定下两项计划：一是变更议事日表，破坏刑律分则之再读；二是将刑律总则付三读。[6]

---

[1] 汪荣宝：《汪荣宝日记》，宣统二年十二月初九日，天津古籍出版社影印本，1991年，第742页。

[2] 参见曹汝霖：《一生之回忆》，春秋杂志社，1966年，第59页。

[3] 《资政院会议速记录》第一次常年会议第四十号议场速记录。

[4] 汪荣宝：《汪荣宝日记》，第742页。

[5] 《资政院会议速记录》第一次常年会议第四十号议场速记录。

[6] 汪荣宝：《汪荣宝日记》，第743页。

这一天正是资政院议事的最后一天（次日闭会），当天共有议程十七项，新刑律议案为第一项。章宗元（章宗祥之兄）主张先议他项，再议新刑律，获得多数赞成。当晚他项议完后，商讨新刑律问题。蓝票者议员籍忠寅提议“总则已经议完了，大家没有异议，如果把总则再付三读通过去，即行上奏，仿佛对于资政院也是觉得有精神的”，陆宗舆附和。议员罗杰主张省略三读通过总则。章宗祥以宪政编查馆特派员的身份代表政府表示，希望可以尽一夜之力，把分则详细讨论、一并通过。章宗元认为总则、分则全部通过有困难，提议以议员多数赞同为断，省略三读通过总则。当日议会到场议员129人，依秘书官统计，当时仅剩80余位在场，赞成起立者69人，过129人之半数，得以多数通过，时间已是晚十点半。[1]

最后的两天，局面波谲云诡，亦足证汪荣宝、章宗元等新派人物的谋略。在议会政治中，他们面对新刑律问题的议决上不利于己之局面，以技术性的手段，利用时间的紧迫，先是巧为拖延，再又“王顾左右而言他”，进而在最后时刻“毕其功于一役”，当资政院议员们精疲力竭之时，利用其需要政绩成果的心理，争取多数，终达成目的。

必须指出，在资政院，新刑律实际上只是通过总则，分则并没有

[1] 参见《资政院会议速记录》第一次常年会议第四十一号议场速记录。

议完，并非章宗祥所说的全部通过。依据资政院的议事细则，闭会时尚未议决者均即止议，但得于次会期再行提出。[1]

但结果却是：为了符合立宪期限的要求，《大清新刑律》在宣统二年十二月二十五日（1911年1月25日）钦定颁布，它是由资政院和宪政编查馆会奏总则，宪政编查馆单独上奏分则和《暂行章程》，最终皇权裁可的结果。[2] 在这种情况下，讨论得最为激烈的无夫奸入罪问题，最终仅仅保留在《暂行章程》而无法出现在法典正文中。

较真地从宪法解释的角度来看，尽管光绪三十四年（1908年）八月的《钦定宪法大纲》规定皇帝有“钦定颁行法律”之权，皇权为其颁布提供了帝制时代合法性基础，但作为上下议院基础的资政院对军机大臣的覆议权被跳过，新刑律存在着严重的程序瑕疵，其颁布实际上存在宪法上之争议。尽管清廷的谕旨提到第二年资政院开会可提议修正，但之前已经是再读的无夫奸问题，何谓“修正”呢？如果指的是三读修正，按照资政院的议事细则，三读仅仅文字上的修订，[3] 不涉及实质内容；如果指的是推倒重来再来一次议决，未免视资政院之表决结果过于儿戏？况且按照宣统三年（1911年）九月的《宪法重大信条十九条》，已经具备虚君共和的胚胎，皇帝已无之前《钦定宪法

[1] 参见《资政院议事细则》第一百四十七条，载《国风报》第一年第廿四号。

[2] 参见陈新宇：《〈钦定大清刑律〉新研究》，《法学研究》2011年第2期。

[3] 《资政院议事细则》第三十九条。

大纲》皇权一统的立法权限，届时如果仍是维持原议，又该如何？

好在武昌起义一声炮响，辛亥革命解决了帝制时期刑事法统上存在的潜在争议。

从此事件中，我们可以看到倚靠皇权的“行政机关”宪政编查馆暨军机大臣之势大而对“立法机关”资政院之无视。还需指出，在汪荣宝的日记中，甚至可以看到当时章宗祥企图将新刑律绕开资政院议决，后来不得不付诸议决后又试图将新刑律原案颁布，不与资政院会奏的两段往事。[1] 如果汪氏记载属实，似乎不能因为新派对新刑律有赤子之心就“大德无亏、小节出入可也”来一言以蔽之，此种行径，并非耍奸耍滑，而是耍赖，不按游戏规则来了。管中窥豹，可以说中国法律近代化伊始，就埋下了轻视程序的危险伏笔。

四

问题三，新刑律在资政院议决的背后，事实真相究竟是怎样的呢？

清末变法，除却最极端的顽固分子，实际上无论是新派还是旧派，都有着“模范西法”的基本共识。旧派的前期领袖张之洞，在光

---

[1] 汪荣宝：《汪荣宝日记》，第638、744页。

绪二十七年（1901年）其著名的《江楚会奏变法三折》的第三折中，便提出了“采用西法十一条”，具体内容中赫然有“定矿律、路律、商律、交涉刑律”，[1] 可见当时法律已经是应向西方学习的“西政”之重要范畴。旧派的后期领袖劳乃宣，更坦言新刑律其不同意之条文不过百分之三四，同意者却有百分之九十多。[2] 新刑律凡400余条，劳乃宣领衔提出的《新刑律修正案》涉及修改、移改、修复、增纂的条文数为13条又2项，[3] 可证其所言非虚。

从比较法律史角度观察，日本近代民法典论争，“断行”与“延期”两派，貌似势不两立，实际上比较前者的九项理由和后者的十项理由，双方在伦常/伦理、宪法实施、社会/国家经济之维护、保障等“意图伦理”方面，颇有相似之处，最后民法典的制定，更是两派携手而非一家独大。[4] 德国十九世纪民法典论争，亦有观点认为，萨维尼对“民族精神”只是口头上皈依，不过是将其作为与蒂堡论战和攻击反对者的武器，其实质为一种“阴性自然法”。[5] 可见，在法律近代化的背景之下，“殊途”仍要“同归”。

---

[1] （清）刘坤一、张之洞：《江楚会奏变法三折》，文海出版社影印本，第155页。

[2] 参见《桐乡劳先生（乃宣）遗稿》，文海出版社影印本，第1057页。

[3] 参见《桐乡劳先生（乃宣）遗稿》，文海出版社影印本，第1053页。

[4] 参见【日】穗积陈重：《法典实施延期战》，收入《法窗夜话》，岩波书店，1980年，第328页以下。

[5] 参见【日】大木雅夫：《比较法》，范愉译，法律出版社，1999年，第45、197页。

在新刑律具体问题的论辩上，双方应该说各有胜负，如果说无夫奸问题旧派全胜，那么在另一尖锐冲突问题“子孙对尊长是否有正当防卫权”上的议决，劳乃宣否认子孙该项权利，主张将其从《暂行章程》移入法典正文，却大败而归。[1] 所以，管见以为，拖延阻挠议决，应该是一派在某一问题上得分后，另一派做出来的暂时性的正常反应，其目的可能是利用诉诸舆论、施加政治技巧等手段来扭转趋势，达到对自己有利的结果。至少目前的史料可见，在“无夫奸”问题败北后，实际上并非旧派而是新派在破坏再读，当然与此同时也是通过特殊手腕加速新刑律的议决。不过，我们也无需“矫枉必须过正”，认为旧派就是纯洁白纸一张。劳乃宣主张子孙对尊长无正当防卫权，提案和最后表决人数就出现了不小的偏差，当时就有议员谓“现在议场表决是很可笑的，倡议的赞成人有三十人以上，表决赞成例（？）只二十人”[2] 。可见法典编纂决非仅仅是一项法律事业，更是一项政治事业，这一过程中的非君子行径，管见以为双方皆是马瓜冯弧、五十百步，可谓彼此彼此。

可以肯定，新派在新刑律的编纂过程中受到巨大的压力，其领袖沈家本在资政院闭会仪式上不慎跌倒受伤，鼻血不止，无法参加合

[1] 参见《资政院会议速记录》第一次常年会议第三十七号议场速记录。

[2] 《资政院会议速记录》第一次常年会议第三十七号议场速记录。

影，[1] 不妨看成长期高度压力之下、兼之年事已高却又事必躬亲，精疲力竭、神情恍惚所致。当我们对新派们的功绩有着温情之敬意，对其遭遇有着同情之理解的同时，也要看到，章宗祥的回忆除了明显的细节错误，更过于片面，甚至可能有一些造假成分。从时间上看，该文大致写在二十世纪二三十年代[2] 或者晚年时期，从心理上分析，这时的他，因五四运动被免职，早已经远离权力中枢，或许是“忆往昔峥嵘岁月稠”，他在行文中不免过分渲染了自己的功绩，更在有意或者无意中，“遗失”了其间更重要的信息，使得历史的复杂性无法充分呈现出来。此类回忆资料可能存在之缺陷，[3] 我们需要审慎对待。

新派人物中，相对于沈家本、汪荣宝等人的沉稳持重，章宗祥无疑是最激进分子之代表。但吊诡的是，在民国四年（1915年）袁氏当国时期，他与董康、汪有龄等人制定《修订刑法草案》，却将清末其明确反对的“无夫奸入罪”放入了法典正文之中。在草案告竣呈文中，也仅仅轻描淡写，“奸通无夫之妇原案根据外国法典不列正条，自前清资政院

---

[1] 参见汪荣宝：《汪荣宝日记》，第744页；章宗祥：《新刑律颁布之经过》，第37页。

[2] 该文最后所附的年份是1962年，孙家红认为未必，理由是文中有提到“然因暂行条例之限制，新刑律之精神，十余年来，盖未能安全发展矣”。进而推出可能是写于二三十年代。详见孙家红：《清末章董氏<刑律草案>（稿本）的发现和初步研究》，《华中科技大学学报》（人文社科版）2010年第3期，注释1。

[3] 以曹汝霖为例，关于蓝白票表决，他在回忆中讲到“投票表决，主张新者，仅多二票，通过原案”，这与史实出入甚大。曹汝霖：《一生之回忆》，第58页。

以来，久滋争议，今各依类编入，庶足以厌舆论”[1]。这时候，章宗祥是民国的司法总长和法律编查会会长，董康是大理院院长和法典编查会副会长，汪有龄是参政院参政和法典编查会副会长，这批清季法律改革的新派人物，皆成为民国位高权重的法政股肱，惟其思想，却发生了集体性倒退。

尽管法典编纂绝不是“一个人的战斗”，况且民国三年（1914年）颁布的《暂行新刑律补充条例》，无夫奸入罪已经“魂兮归来”[2]，但该条例毕竟仍在法典之外，此番草案，却准备登堂入室、位列正典了。章宗祥作为《修正刑法草案》的领衔者，对此安排无论如何是脱不了干系的。这对数年前还担忧“资政院议员中有法律知识者尚浅，交议恐致破坏”[3]的章氏来说，此种“从谏如流”，不能不说是一种深刻的反讽！他的巨大转折，不免让人有“轻浮的保守主义”之叹！更或许“破坏”与“建设”，本来就是近代法律人身上纠结背负的双重使命，只是在不同的时空情境之下，凸显其中之一端耳！

---

[1] 修订法律馆编辑：《法律草案汇编》（刑法），台北成文出版社，1973年，第2页。

[2] 《暂行新刑律补充条例》第六条：“和奸良家无夫妇女者处五等有期徒刑或拘役，其相奸者亦同……”司法部编印：《改定司法例规》（下），1922年。

[3] 汪荣宝：《汪荣宝日记》，第638页。

余思

事实的真相，往往在中庸之间。大清与民国、激进与保守、新派与旧派，貌似差别很大，实质或许很小！

对程序问题的便宜处分，固然可以辨析其与实体问题的关系，惟其实质，仍是法治的要素，即对既定规则是否遵守的问题。中国的制度设计，似乎从一开始就实践着亦期待着“人”发挥主观能动，打破制度不便的作用。从古代到近代，无论是君、儒臣，还是掌握西学、控制舆论的精英分子，仿佛有此一暗线隐隐相牵。其间之因果，体制使然乎？理性使然乎？历史惯性使然乎？

如果说武昌起义带来的是制度革命，《大清新刑律》带来的是身份伦理革命，惟革命就一定能带来真正的启蒙吗？

在法律近代化过程中，通过某种反法治的手段建构近代法制体系，不免使其“法教”之启蒙意义大打折扣，当法律与社会之间不可避免的扞格在日趋突出时，存在先天缺憾的启蒙更无法拯救亟待解决的现实，其结果就是不得不在理想与现实之间折返跑，这种两极现象，是中国法律近代化需要深刻反思之一端。

向左转？向右转？

——董康与近代中国的法律改革

壹　引子

近代中国的法律改革，董康（字授经，又字绶经、绶金、受经，号诵芬室主人）乃有典范意义的人物之一。清季，其任职刑部，于刑曹历练中脱颖而出，为薛允升、沈家本等法学大家所赏识提携。沈氏主持清末法律改革，董康乃其左膀右臂，功不可没；民国以降，他历任大理院院长、司法总长等职位，始终居于法律改革最前沿。就传统法制而言，本其旧职所守，自然烂熟于胸；对现代法制，其曾多次赴日本、欧美等国学习、考察，亦有相当了解。就其思想而言，曾有“向左转，向右转”的巨变：晚清时期，乃“法理派”健将之一，书生意气，锐意改革；而政体更迭，知天命后，却趋于保守，进而否定当年之主张，希图回归旧制。如由其著作、演讲、日记等资料入手，并结合董氏之生平经历，似可体察其心路历程之曲折波动，并以当年一位法律专家的内在视角，思索近代以来法律继受的深层问题。

本文拟从传记法学的角度，首先，介绍董康之法律人生；其次，评介其学术著作；最后，勾画出董氏思想前后之变化，并试图予以解释。

贰 董康的法律人生

一、少年得志（1867—1901）

董康，同治六年（1867年）出生于江苏武进（今常州市），与传统士人一样，董氏走读经科举之路。光绪十四年（1888年）戊子科举人、光绪十五年（1889年）己丑科进士，董康连战连捷。[1] 就科举而言，董氏无疑要比沈家本顺利许多。后者同治四年（1865年）中举人，此后却屡试不中，一直到光绪九年（1883年）才中进士，[2] 为此可谓“白了少年头”。进士及第乃仕途之敲门砖，董氏以主事签分刑

[1] 董氏日记回忆，“余童时从唐太夫人习为韵语……戊子己丑联捷，签隶秋曹”。氏著：《书舶庸谭》（又名《董康东游日记》）卷二，辽宁教育出版社，1998年，第27页。

[2] 李贵连：《沈家本传》，法律出版社，2000年，第37页以下。

部，开始其刑曹生涯。[1]

入部之后，董氏于前辈指导之下，悉心研究，一方读律，一方治事。[2] 同光时期的刑部，有豫、陕两派，豫主简练，陕主精覆。[3] 其间人才辈出，薛允升（云阶）、赵舒翘（展如）、沈家本（子敦）等，更是其中之翘楚，这三位都曾是董康的上司。[4] 薛、沈两人对董康颇为赏识，尤其是后者，更有知遇之恩。光绪二十六年（1900

---

[1] 根据董氏的回忆，清代科举乃综合会试、殿试、朝试之成绩，授予职位，较高者授翰林院庶吉士，次者分部主事，次者中书，次者知县。详见董康：《追记前清考试制度》，收入氏著：《中国法制史讲演录》，文粹阁影印（无出版日期），第151页。

[2] 董康：《我国法律教育之历史谭》，《法学杂志》7卷6期（1934年11月），第708页。清代的法律教育类似学徒式的学习，法律大家如薛允升、沈家本，都是入刑部才开始学律。详见李贵连：《沈家本传》，第40页；黄静嘉：《清季法学大家长安薛允升先生传》，收入薛允升著述，黄静嘉编校，《读例存疑重刊本》册一，成文出版社，1970年，第13页。对清代法律教育深入的探讨，详见张伟仁：《清代的法律教育》（上）（下），《台大法学论丛》18卷1期（1988年12月）、18卷2期（1989年6月）。

[3] 董康：《我国法律教育之历史谭》，《法学杂志》7卷6期（1934年11月），第708页。对于同光时期之刑部，沈家本亦有介绍，“当光绪之初，有豫、陕两派，豫人以陈雅侬、田雨田为最着，陕则长安薛大司寇为一大家……近年则豫派渐衰矣，陕则承其乡先达之流风余韵，犹多精此学者”。详见“大清律例讲义序”，《寄簃文存》卷六，收入氏著：《历代刑法考》（附《寄簃文存》），册4，邓经元、骈宇骞点校，中华书局，1985年，第2232页。

[4] 薛允升于咸丰六年（1856年）中进士后以主事签分刑部，同治十二年（1873年）外放，光绪六年（1880年）召回任刑部堂官，光绪二十三年（1897年）被贬，光绪二十六年（1900年）重新起用，第二年即驾鹤西归。赵舒翘于同治十三年（1874年）中进士后以主事签分刑部，光绪十二年（1886年）外放，光绪二十三年（1897年）内调回刑部左侍郎、尚书。庚子（1900年）时，主张抚团灭洋，事变后被赐死。沈家本于同治三年（1864年）援例入刑部，光绪十九年（1893年）外放，光绪二十七年（1901年）任刑部右侍郎。关于薛允升的生平，详见前揭黄静嘉：《清季法学大家长安薛允升先生传》。关于赵舒翘、沈家本的生平，详见前揭李贵连：《沈家本传》。

董康

年），义和团运动，八国联军入侵北京，风雨飘摇之中，董氏时任陕西司主事，仍坚持入署治事，秩序稍定后，被擢升为提牢厅主事，总办秋审兼陕西司主稿。[1]

刑部乃技术性很强的部门，董氏为法律专家沈家本、薛允升所器重，且办理最为重要的秋审事宜，可佐证其治狱之成绩；乱世之中，坚守职责，亦可证其操守。少年得志的董康，应该是一个聪颖、自律且富于实干精神的人。

二、晚清法律改革的黄金十年（1902—1911）

光绪二十八年（1902年）到宣统三年（1911年），是晚清法律改革的十年，其主持者为沈家本，董康在此期间，先后任修订法律馆的校理、总纂、提调，兼京师法律学堂的教务提调，乃沈氏股肱之一，推手之功，尤为显著。

第一，改造旧律。在沈家本的主持下，董康与王世琪、许受衡、罗维垣、吉同钧、周绍昌修订《大清现行刑律》，完成对传统法《大清律例》的改造，以之作为现代法《大清新刑律》之过渡。该法修订

[1] 详见董康：《补录庚子拳祸》，收于氏著：《书舶庸谭》，辽宁教育出版社，1998年，卷四，第120-125页。这与董氏在别处的记载稍有出入，“清光绪二十七年，余由刑部湖广司主稿改擢提牢厅主事”。《清秋审条例》，刻本重印，中国书店，1991年，第45页。但本文仍以《书舶庸谭》为准。

过程中大量地汲取了薛允升《读例存疑》意见。[1] 从某种程度上讲，代表着传统法学的绝唱。

第二，提议改革刑制，以试探朝廷对于法律改革的态度。依董氏所忆，光绪三十一年（1905年），沈家本、伍廷芳联名上奏的《删除律例内重法折》乃由其草拟。[2] 该折为清廷所准，一举废除凌迟、枭首、戮尸、刺字、缘坐等传统酷刑，此乃中国刑罚制度由野蛮走向文明的重要一步，也给予了改革者们相当的激励，法律改革的具体计划，开始落实开展。

第三，赴日本调查司法、延聘法律顾问。光绪三十二年（1906年），董康以刑部候补郎中的身份赴日本调查裁判监狱事宜，在此基

---

[1] 详见董康：《中国修订法律之经过》，收入氏著：《中国法制史讲演录》，第159页。在“修订法律馆修订现行刑律衔名”中，除沈家本、俞廉三两位修订法律大臣外，还包括提调官（4人）、总核官（1人）、总纂官（5人）、纂修官（12人）、协修官（15人）、核对官（3人）、收掌官（2人）。董康与王世琪、罗维垣三人是提调官，吉同钧、许受衡、周绍昌三人是总纂官，其时董氏是大理院候补推丞。可见《钦定大清现行刑律》，清宣统二年仿聚珍版印行，凡36卷，2函，北京大学图书馆藏书，卷一。

[2] 详见董康：《中国修订法律之经过》，收入氏著：《中国法制史讲演录》，第157页。不过，关于此折是否出自董氏之手，学界尚存在争议。苏亦工先生认为该折的整体框架和基本思路出自伍廷芳，并认为董氏有贪功之嫌。具体的论证可见氏著：《明清的律典与条例》，中国政法大学出版社，2000年，第351-354页，尤其是注释39。李贵连先生则认为该折为沈家本所作，理由是收入该折的《寄簃文存》在刊刻时，沈家本在开篇的《小引》曾谓“……因取近日论说，及向日参考之所及者，益以自治奏牍数篇，都为八卷，付诸印工”。可见李贵连编著，张国华审定：《沈家本年谱长编》，成文出版社，1989年，第254-255页。而当时伍廷芳、董康等尚在人世。

础上编辑成《调查日本裁判监狱报告书》[1]，进呈御览。据时同处东京的学部员外郎王仪通介绍，董康“出则就斋藤、小河、冈田诸学者研究法理，入则伏案编辑，心力专注，殆无片刻暇”[2]，相当勤勉。此次调查，使沈家本坚定了“司法独立”“监狱以感化犯人为目的”等现代法制理念，改革之目标，益加清晰。董康也在与日本学者切磋学问的过程中，建立友谊，并先后延聘冈田朝太郎、松冈义正、小河滋次郎、志田钾太郎为修订法律馆顾问暨京师法律学堂教习。[3] 这几位学者，亦尽心尽职，对中国法律改革贡献甚巨。

第四，襄助沈家本，参与礼法之争。清末修律，沈氏因《大清新刑律》等新法有悖传统礼教，屡遭攻击。董氏时以提调总管法律馆具体事务，处敏感地位，倍感压力，[4] 仍挺身而出，发表《董科员辩刑律草案不必模范外国》《董科员青岛赫教习说帖驳议》等文，予沈

---

[1] 北京农工商部印刷科铅印，光绪丁未（1907年）五月排印。董康另将辑译所得，编纂成《裁判访问录》与《监狱访问录》，沈家本欣然为之作序。详见（清）沈家本：《裁判访问录序》，《监狱访问录序》，《寄簃文存》卷六，收入氏著：《历代刑法考》（附《寄簃文存》），册4。

[2] 王仪通：《调查日本裁判监狱报告书叙》，收入《调查日本裁判监狱报告书》，第1页。斋藤，即日本司法省参事官斋藤十一郎；小河，即监狱事务官小河滋次郎；冈田，即刑法学者冈田朝太郎。

[3] 详见董康：《中国修订法律之经过》，收入氏著：《中国法制史讲演录》，第158页。

[4] 据董氏回忆“当时引起新旧两党之争，被人攻击，亦以余与归安沈公为最烈，且屡列弹章”，详见董康：《民国十三年司法之回顾》，《法学季刊》2卷3期，东吴大学法律学院，1925年，第110页。

家本有力支持。[1] 因兼任宪政编查馆科员，需出席接受资政院议员咨询，于"未定无夫奸罪"问题，至议场辩论，几于舌敝唇焦，[2] 辛苦异常。

晚清法律改革，董康正值年富力强之人生阶段，或立法、或调查、或著述、或辩论，十年光阴，身影匆匆，沈家本对他有知遇提携之恩，他亦回报以勤勉与支持。不过清季法律改革，随着武昌起义爆发、清廷倾覆，戛然而止。民国元年（1912年），沈家本归隐于枕碧楼，而董康，则再次远赴日本。

三、壮志未酬的民初岁月（1914—1926）

民国三年（1914年），董康回国署理大理院院长，揭开其历史新的一页。

民初政局，跌宕不定，董氏先后任靳云鹏、梁士诒内阁司法总长，其间因查办财政总长张弧等人一案，名声大噪。时董康兼任偿还内外短债委员会会长一职[3]，发现八年公债中有舞弊行径，力主彻

[1] 李贵连：《沈家本传》，第341-342页。

[2] 详见董康：《中国修订法律之经过》，收入氏著：《中国法制史讲演录》，第160页。

[3] "偿债委员会……以法官为中心，而参以审计院、商会、银行公会人员。债权者之银行及债务者之财部，均得派员出席以备咨询，但无发言表决之权。该会之如何组织，其形式颇类似特别法庭，从而审理。"可见其是一个以法律人为主的机构。详见《申报》影印本，上海书店，1983，民国十一年三月三日，178-43（3）。（按：178指影印本编号，43指影印本页码，（3）指版区，后有引用《申报》，皆同）

查。[1] 该案牵涉极广，阻力重重，董氏乃谓“我不恐手枪炸弹，我不怕奸人反噬，我不怕丢官，既令我干，我要认真做去”[2]，可谓不惧威势、铁骨铮铮。正是由于他与偿还内外短债委员会的坚持，本案得以追究。[3] 民初法律人对法治理想的执着，令人感叹！

由于大参案中不循情面，秉公执法，董康被认为是出任财长的最佳人选。[4] 由司法转财政，本非专业所长，但董康深感当时财政之积弊，有整饬之愿。上任之后，他首先宣布只管账，不管筹款；并责成各省区应解中央之款，悉数报解；[5] 又发令裁汰冗员，另行甄选。[6] 平允而论，这些措施，本无过错，但于民初时局之中，则不免幼稚与激进。首先，军阀割据，对中央之政策，阳奉阴违，董康虽有吴佩孚支持，但吴氏本质，仍是军阀，自有其私利，寻求配合，不啻与虎谋皮。其次，不筹款，军费无着，公务员薪金无望，裁员之举亦触动多

---

[1] 详见《申报》，民国十一年三月八日，178-138（5）；十一年三月十日 178-174（4）；十一年三月十二日 178-216（4）。

[2] 《申报》，民国十一年三月十五日，178-272（2）。

[3] 《申报》，民国十一年五月十六日，180-314（2）。当时董康查债的结果是请求惩处包括张弧在内的八人。但实际上在民初政局中，该案最终很可能不了了之，张弧后来又出任过财政总长。关于民国初年财政总长的介绍，可见贾士毅：《民国初年的几任财政总长》，《传记文学》5卷2期-6卷5期连载，传记文学出版社，1964—1965年。据贾先生统计，从民国元年至十五年，共有二十五人出任过财政首长，更动达三十三次。

[4] 《申报》，民国十一年五月十四日，180-272（4）。

[5] 《申报》，民国十一年五月二十七日，180-536（4）。

[6] 《申报》，民国十一年六月五日，181-88（5）。

人利益。所以一时之间，怨声载道[1]，不得已，董氏只好违背初衷，拟发行公债，以渡难关。[2] 但时局已难收拾，民国十一年（1922年）七月十五日，陆军、内务、财政、农商等部职员八百余人，因索薪在国务院哄闹，董康竟被殴打致伤。[3] 斯文扫地，心灰意懒之余，董康辞去财长一职，并于同年八月二十九日，与周自齐出访欧美，考察工商法制。[4]

此次考察，于董康思想之转变，尤为关键。他得以近距离地了解英美法，反思中国法律移植中效仿大陆法的失足之处，并认为英美法律手续，与中国旧制颇为密合，主张学习英制。[5]

民国十二年（1923年）归国以后，董氏为收回上海会审公廨，奔

---

[1] 《申报》，民国十一年六月十四日，181-268（3）；十一年六月十四日，181-274（1）；十一年七月一日，182-10（1）。

[2] 《申报》，民国十一年六月十八日，181-252（3）；十一年六月二十一日 181-417（2）；十一年六月二十四日 181-479（3）；十一年六月二十五日 181-503（3）。

[3] 《时事日志》，《东方杂志》19卷15号（民国十一年八月十五日），第137页；《申报》，十一年七月十七日，182-368（4）。

[4] 《董康、周自齐出洋消息》，《申报》，十一年八月二十四日，183-501（2）；《再志董康、周自齐出洋消息》，十一年八月二十五日，183-523（2）；《周自齐董康今日放洋》，十一年八月二十九日，183-617（2）。

[5] 《董康在英之谈话》，《申报》，民国十一年十二月一日，187-4（4）；《董康在英研究法律》，《申报》，十一年十二月九日，187-175（5）；《董康在伦敦之谈片》，《申报》，民国十二年一月十六日，188-302（2）。

走呼吁，[1] 并与孟森（心史）发起改正条约之会，继续为未竟的主权统一事业而努力。[2] 同时开始于上海法科大学、东吴大学等校任教，这段时间的法学期刊上，也可见其带有回顾性、反思意义的文章[3] 。但相对平静的生活，并未持续多久，因反对军阀暴虐[4] ，他被孙传芳通缉，性命安全危在旦夕，只好于民国十五年(1926年) 十二月三十日，以书商沈玉声之名，避祸于日本。[5]

“踽踽一人，踯躅海上”，乃其十六年（1927年）元旦日记中的感逝之怀[6] ，这又何尝不是其民初十几年心境的写照，有经世济民之理想，收回法权之夙愿，却不得不周旋于军阀之间，虚与委蛇，甚至被殴受辱，疲于奔命。此时的他，已是花甲之年，孤独、无助笼罩着他，能使他稍感慰藉的，或许只有那矢志不渝寻访古书的事业。

---

[1] 《董康对于收回沪廨之谈话》，《申报》，十三年五月十九日，202-415（2）；《沪代表抵京后之收回公廨案》，《申报》，十三年五月三十一日，202-668（4）。《董康之收回公廨谈》，《申报》，十四年三月十日 210-187（3）。

[2] 可见董康：《改正条约会附刊——缘起》，《兴业杂志》1卷1期，兴业杂志社，1925年10月，第1页；《改正条约之全部与局部》，《兴业杂志》1卷2期，兴业杂志社，1926年2月，第16-17页。该会倡导全面收回法权与关税权。

[3] 《前清法制概要》，《法学季刊》2卷2期，东吴大学法律学院，1924年10月；《民国十三年司法之回顾》，《法学季刊》2卷3期，东吴大学法律学院，1925年。

[4] 详见《董康请孙督之蒸电》，《申报》，民国十五年十一月十一日，218-208（2）；《南北名流之呼签和平电》，《申报》，十五年十一月四日，229-76（5）；《和平代表董康回沪后之谈话》，《申报》，十五年十一月五日，229-105（1）；《新苏公会理事会纪》，《申报》，十五年十一月八日，229-179（3）。

[5] 董康：《书舶庸谭》，自序。

[6] 董康：《书舶庸谭》，卷一，第3页。

四、晚景（1927—1948）

政局稍安后，董康于民国十六年（1927年）五月一日，回到上海。[1] 在人生最后的二十年中，他做过律师，出任过上海法科大学的校长、国民党法官训练所所长，担任过国立北京大学的教授、研究院导师，其传世的法律著作，以这一时期为多，其中，又以传统中国法制的研究为主。[2]

只是董康之晚节，却有失足之处。1937年，日寇发动全面侵华战争，华北沦陷，民族危亡之际，他却加入王克敏伪华北中华民国临时政府，后又随伪华北临时政府并入汪精卫伪临时政府，即是说，沦为让人不齿的汉奸。董康当年因皕宋楼藏书被日本人购去而痛惜不已，乃至说出“反不如台城之炬，绛云之烬”这等偏激之语，并矢志寻访古书，[3] 却于民族大节上，有所亏损，古稀之年，功利之心何以未减，让人疑惑，更让人扼腕。

民国三十四年（1945年），抗战胜利，董康被国民政府通缉，民

[1]　《申报》，民国十六年五月三日，234-56（2）。

[2]　在晚年，董氏居住在北平法源寺，研究唐律，日本法史学者岛田正郎就曾听过他的唐律讲义。可见《岛田正郎博士回忆录》，收入杨家骆主编：《中国史料系编》之《中国法制史料》第一辑第一册，鼎文书局，1979年，第27页。

[3]　傅杰：《本书说明》，收入董康：《书舶庸谭》。

国三十七年（1948年），董康病死于北平，终年82岁。[1]

叁　董康的法学著述之评介

董康乃传统文人与法律人之综合体，一生笔耕不辍，相当勤奋，人文与法律领域，均有著作传世。就前者而言，著有《书舶庸谭》（即《董康东游日记》）、《嘉业堂藏书志》、《课花盦词》、《曲目韵编》，辑刻有《诵芬室丛刊》《千秋绝艳图》《广川词录》，并与王国维校订、纂录《曲海总目提要》，在传统戏曲、目录学等方面，贡献甚巨。

就后者而言，文章有《前清法制概要》[2]、《民国十三年司法

---

[1] 北京市档案馆所藏档案详细地记载了董康逝世的情况。档案号J184-002-04391，北平市警察局档案，1948年5月4日义字64号第二分驻所“呈为地院会同检验董康因病身死由”：一据第七段警长程启新报称，本日十四时余有地方法院检察官任维屏、检验员傅长林等到段会同声称，因管界西砖胡同甲九号住户董康，系汉奸案保外医治，现因病故，前往查验等语。二当由该长带同户警钟毓杰随同前往，由该员等验得该尸委系无伤因病身死，当发给抬埋执照一纸走去，除先行电报分局外，理合附同知会一纸一并呈报。巡官×××呈。

[2] 《法学季刊》2卷2期，东吴大学法律学院，1924年10月。

之回顾》[1]、《唐律并合罪说》[2]、《我国法律教育之历史谭》[3]、《前清司法制度》[4]、《中国巡回审判考》[5]、《论秋审制度与欧美减刑委员会》[6]、《中国修订法律之经过》[7]、《中国编纂法典概要》[8]、《残本龙朔散颁刑部格与唐律之对照》[9]、《科学的唐律》[10]、《从吾国社会实际需要略论刑法》[11]等；著述、编辑有《清秋审条例》[12]、《秋审制度》（第一编）[13]、《集成刑事证据法》[14]、《中

---

[1] 《法学季刊》2卷3期，东吴大学法律学院，1925年。该文最初载于《申报》，民国十三年十月十日，205-672（1）。

[2] 《法学季刊》4卷5期，东吴大学法律学院，1930年。

[3] 《法学杂志》7卷3期、4期、5期、6期连载，东吴大学法律学院，1934年3、6、8、11月。《法学季刊》从1931年起改名为《法学杂志》。

[4] 《法学杂志》8卷4期，东吴大学法律学院，1935年。

[5] 《法学杂志》8卷5期，东吴大学法律学院，1935年。

[6] 《法轨》创刊号，复旦大学法律学系同学会，1933年。

[7] 收入氏著：《中国法制史讲演录》，文粹阁影印，无出版日期。

[8] 收于氏著：《中国法制史讲演录》，文粹阁影印，无出版日期；又收入【日】泷川政次郎：《支那法制史研究》之附录，东京：有斐阁，1940年。该文曾载于《法学新报》44卷第2号（1934）。《中国修订法律之经过》与《中国编纂法典概要》皆是董康1933年在日本演讲的题目，前者较长，后者乃前者的简缩。董氏在《中国法制史讲演录》中有所交代。

[9] 收入【日】泷川政次郎：《支那法制史研究》之附录。该文曾载于《法学新报》49卷第4号（1939年）。

[10] 郭卫主编：《现代法学》1卷2-6期、9-10期连载，1931—1932年。

[11] 《社会科学季刊》6卷1期，国立北京大学，1936年3月。

[12] 刻本重印，中国书店，1991年。

[13] 线装，刻本蓝印，1941年。

[14] 线装，1942年。

国法制史》[1] 、《刑法比较学》（上册）[2] 、《调查日本裁判监狱报告书》[3] 等，译作有《日本刑法义解》（与张仲和合译）[4] 、《日本陆军海军刑法》（与章遹骏合译）[5]、《意大利刑法》（与陆圣鼐合译，英日对照）[6] 等。由于笔者学养与本文旨趣所限，仅就其法律方面的论著略作评论。

董康的法律著述，侧重于传统法制，对法律史之研究，有相当重要的参考价值。其中如《前清法制概要》《我国法律教育之历史谭》《前清司法制度》《中国历届修订法律之大略》，乃对传统的司法制度、法律教育、立法的概括性介绍，并结合自身之经历，间作评论、反思。如《清秋审条例》《秋审制度》《集成刑事证据法》等，乃对传统法制中某一具体制度或法律部门进行深入地梳理、分析。就方法而言，董康试图用现代法的概念体系，分析传统法问题，所以在《科学的唐律》《刑法比较学》等著述中，我们能看到诸如“总则”“分则”“刑事责任”“共犯”等现代法学术语，这与他有着现代法的知识背景不无关系。虽然当今这种方法已经受到一些质疑与挑战，但就

[1] 司法官养成部，1942年。
[2] 法学编译社，1928年。
[3] 农工商部印刷科铅印，光绪丁未（1907年）五月排印。
[4] 转据李贵连：《沈家本传》，第210页。
[5] 修订法律馆，线装，光绪三十一年（1905年）。
[6] 《法学杂志》7卷1期、4期、5期、6期连载，东吴大学法律学院，1933—1934年。

当时而言，乃一种新的典范，不失为先进。

董氏对于传统法制，着墨甚多，一个方面是他比较熟悉，乃专长所在，另一个方面则因为他后期思想转变，试图去发现、论证传统法制的合理之处。兹列举其有代表性的作品如下：

一、秋审制度研究的创新之作——《清秋审条例》

宣统二年（1910年），中国传统的会审制度，由于《法院编制法》的颁布实施与现代司法制度的建立，经沈家本等奏请，有了重大改变。[1] 一年以后，清朝覆灭，秋审制度也寿终正寝。秋审乃刑部最重要的事宜之一，最能磨砺人才，董康早年曾于秋曹历练，深谙个中滋味，更认为其寝馈于经验，对当时之司法，颇有参考价值。[2] 故详加研究，在此之前，于《论秋审制度与欧美减刑委员会》《前清司法制度》等文中，已有所涉及，后更有《秋审制度》一书，凡十五六万字，集中论述。在此基础上，董康概括出四十条[3] 提要，著成《清秋审条例》。该书虽名"清"秋审条例，但对会审之历史（唐、明朝），亦有简单介绍。全书共两章，第一章通例，凡九条，介绍秋

[1] 详见李贵连：《沈家本传》，第224-225页。

[2] 详见董康：《清秋审条例》，刻本重印，中国书店，1991年。在民国三年，其即倡导"行秋谳"，可见董康：《匡救司法刍议》，《庸言》（庸言报馆发行，2卷第1、2号合刊）。

[3] 董康统计为三十八条，但实际上有四十条。

审、朝审的概念、期限、适用法规、处分、例外、惩戒等基本问题，第二章分例，凡三十一条，依秋审之程序编定。这样的体例，显然出自具有现代法学素养的学者之手，乃以程序法之视角，观察秋审制度。提要之余，更加以注释评论，尤显张弛有度。就秋审制度的研究而言，本书可谓创新之作。

二、比较刑法的先驱之作——《刑法比较学》

根据北京图书馆所编的《民国时期总书目（1911—1949）》（法律）[1]“比较刑法学”一栏所列书目，并参考学者对清末、民国时期刑法学著作的梳理，[2] 可证董康的《刑法比较学》乃中国最早的比较刑法著作之一。该书仅见上册，收入第一编“总则”，凡六章，分别是“法例”“文例”“时例”“刑事责任及刑之减免”“未遂罪”“共犯”。该书乃以民国十七年（1928年）的《中华民国刑法》（即《旧刑法》）为蓝本，与中国传统刑法、大清新刑律以及时世界各国刑法比较。

---

[1] 书目文献出版社，1990年，第237-239页。该书目此栏列有7本著作，除董氏的书外，有翁腾环：《世界刑法保安处分比较学（节本）》，上海江苏高等法院第三分院，1935年；翁腾环：《世界刑法保安处分比较学》，商务印书馆，1936年；许鹏飞编著：《比较刑法纲要》，商务印书馆，1936年；许鹏飞编：《比较刑法讲义》，上海政法学院讲义，无出版日期；林振镛编译：《美国刑法学纲要及与我国刑法之比较》，正中书局，1944年；俞承修：《比较刑法讲义》，上海政法学院，无出版日期。

[2] 何勤华：《中国近代刑法学的诞生与成长》，《现代法学》2004年第2期，第12-20页。

就法律部门而言，董康最精刑法。理由有二：一方面，中国传统法制，就制定法而言，刑事法为主干之一，董康任职清末刑部，熟悉旧律；另一方面，自以现代刑法为蓝本的《大清新刑律》起，近代历次刑法的制订，董康亦参与其中。故本书可谓董康术业专长之体现。特点有二：一、资料翔实。论及传统法时，可见汉、唐、明、清历代刑律；涉及现代法处，得窥英、法、比、德、日本、暹罗、俄、荷兰、波兰诸国法案。于此，足证董氏浸淫刑法之深。二、方法独到。作者乃“超越简单的条文比较，而试图由立法精神之角度，予以分析”[1]。这种方法，证明作者有相当的理论自觉，已摆脱“为比较而比较”“为赋新词强说愁”式的窠臼，试图由法理入手，建构一个涵摄传统刑法与现代刑法的比较框架。尝试是否成功，有待公论，但拓新之努力，仍值称道。

肆　从激进转向保守
——“董康问题”的提出和追思

一、蜕变的历程

董康，一个对传统法与现代法有着相当理解和体悟的法律人，其

[1] 北京图书馆编《民国时期总书目（1911-1949）》对该书的评介。

前后思想的转折，或许可看作近代中国的法律改革，在继受西法过程中所面临的困境与问题，经由一个法律专家的反思，进而做出的扬弃与选择。对此，我们不妨称之为“董康问题”抑或“董康现象”。

董氏思想转折之关键，从文献上看，大致是在民国十一年（1922年）出访欧美考察法制时期。此次旅程，他得以了解战后欧洲社会之状况，法制发展之趋势，更为重要的，是他能近距离地观察英美法制。期间他或与专家学者讨论，或出庭观审，这一时期的《申报》上，可以看见他对法律继受的评价：

> 中国司法采取欧陆制度，实属错着，以中国之情势，当采取英国制度也。[1]

又有：

> 中国现行之法律，系采大陆系，董氏以为此乃错误，据彼之意。英美法律手续，与中国旧法律颇为密合，故彼主张采用英制。[2]

近代中国的法律改革，肇始于内外交困的晚清时期，其继受以日

---

[1] 《董康在英之谈话》，《申报》，民国十一年十二月一日，187-4（4）。
[2] 《董康在伦敦之谈片》，《申报》，民国十二年一月十六日，188-302（2）。

本法为媒介的欧洲大陆法，乃与中日两国文字的相似性、时司法经费的不足、成文法的传统等因素息息相关，其间仓促与功利，自然无法避免。民国开基，政统虽变，法统稍作修改之后，仍得以延续，故清季法律改革所制定、根基于工商社会的近代法，遂受传统色彩浓厚的民初社会之检验，法律继受的问题，亦继清末礼法之争后，逐步显现。

董康的言论，有两层含义：第一、中国应该继受英国法，而不是大陆法；第二、合理性在于英国法制与传统法制有某种程度的相似性。论证手法，“似是故人来”，惟其重心，已与旧时不同。清季，沈家本每每引证新法与旧律“暗合”，实以新法为中心，托古而改制；而董氏的焦点，则在于传统法，新法之采纳，概因与旧律“密合”，一个是旧瓶装新酒，一个是新瓶入旧酿。当然，究竟董氏的思想如何变化，逻辑上是否/如何自洽，法律继受中出现何种问题，英国法与传统法又如何“密合”，仍需更详细的资料佐证和更深入的分析。

回国之后，董康作《民国十三年司法之回顾》，忆及当年的情形：

> 司法改革，萌蘖于前清修订法律馆，余始终参预其事。论吾国法系，基于东方之种族，暨历代之因革，除涉及国际诸端，应采大同外，余未可强我从人。惟从前以科举取士，用非所学，迨

> 膺民社，从脞环来，审判之权，操自胥吏幕僚，上级机关负责复核之责，不过就文字，稽徇其瑕隙，内容无从研索也。余痛斯积弊，抱除旧布新主义，所拟草案，如法院编制法、民律、商律、强制执行法、刑律、民刑诉讼律，具采各国最新之制。凡奏折、公牍及签注、办论，其中关于改革诸点，阳为征引载籍，其实隐寓破坏宗旨。[1]

这段话，比较真实地反映出当年这批锐意改革者们的心态，传统法制存在弊端，就除旧而布新，新者何来，就用世界最新的制度。在他们眼中，最新的也就是最先进的，既然要改革，就“引刀成一快”似的革命，而非“犹抱琵琶半遮面”般的改良！的确，西方之强盛，与其一套相应的法律制度紧密相关，但改革者们，或许于历史的逻辑上出现了错位，把强盛之必要条件坚守为充分之前提。于是，西法移植之后，他却发现：

> 法官概用青年，阅世未深，无可讳言。民事诉讼，藉上诉之层递，冀进行之迟延，防御攻击，莫辨诪张，异议参加，率缘操纵。刑事诉讼，证据游移，多忤事实，科刑出入，亦戾人情。于

[1] 董康：《民国十三年司法之回顾》，《法学季刊》2卷3期，东吴大学法律学院，1925年，第110页。

疑难重案，纠问依违，更乏平亭之术。若上级滥行发回，或对上级发回之案揣摩定谳，尤为民刑诉讼之通弊。凡斯诸点，由于法律繁重者半，由于能力薄弱者亦半。[1]

这段话，主要针对民初的法官缺乏经验而发，但对当时法律运行的弊端，亦多有批评。设计精致的法制程序，不仅无法实现当初之设想，反倒妨碍了人民权利的实现。在考察英美的法制后，他认为：

泰西法系，向分英美、大陆两派。英美悉本自然，大陆则驱事实以就理想，以双方权利之主张，为学者试验之标本，程叙迂远，深感不便……从前改良司法，采用大陆，久蒙削趾就履之诮，改弦易辙，已逮其时。[2]

大陆法系受启蒙运动和自然法思想之影响，乃有法典化之运动，体现出建构理性之色彩；英美法系则受经验哲学之熏陶，且因历史时代之特殊机运，而拒绝法典化。董康的所谓“自然”，即规范乃源于习惯，而非设计之产物，习惯乃于历史中形成，于此，对传统的回归，倒也合乎逻辑。当然，董康的观点，不乏独到见解，亦有值得商

[1] 董康：《民国十三年司法之回顾》，第112页。
[2] 董康：《民国十三年司法之回顾》，第112-113页。

榷之处。[1]

如果梳爬文献，我们可发现，董康此前对传统法，已有不少肯定，比如民国三年（1913年），他曾建议暂复传统的就地正法，倡导秋审制度；[2] 民国四年（1915年）其参与制定的《修正刑法草案》中，多见"礼教"的影子。[3] 但前者乃零星之主张，后者是集体之产物，且民国十年（1921年），东省特别法院甫经收回，他就以司法总长的身份，呈请将《民事诉讼法暨民事诉讼法施行条例草案》以命令形式于该区域施行，急迫之情，可见一斑。[4] 平允而论，这个时候，他仍未持全面否定之主义。

不过民国十一年（1922年）后，形势就急转直下，晚期，他甚至认为"觉曩日之主张，无非自抉藩篱，自溃堤防，颇忏悔之无地

[1] 再比如，他认为秋审制度与欧美减刑委员会类似，英国治安裁判与清代的行政官兼理司法无甚区别，甚至"吾国自唐贞观创制十二篇，萃实体手续于一编，开东方法系，为英美之所祖述"。这样的比附，略显牵强甚至不免自大。详见董康：《前清司法制度》，《法学杂志》8卷4期，东吴大学法律学院，1935年，第464-465页；以及《民法亲属继承两编修正案》，线装本，1939年，第1页。

[2] 董康：《匡救司法刍议》，庸言报馆发行，《庸言》，2卷第1、2号合刊，1914年2月。

[3] 详见汪有龄、章宗祥、董康：《修正刑法草案理由书》，铅印本，法典编查会，1915年。

[4] 详见董康：《民事诉讼法草案暨民事诉讼法施行条例草案》，铅印本，1921年；以及《民国十三年司法之回顾》，《法学季刊》2卷3期，东吴大学法律学院，1925年，第111页。

也”[1]，彻底地主张回归传统。清代的司法系统，在其看来，更是“实秉有一种相对的独立精神”[2]。这对以“司法独立”为目标的近代法律改革而言，不能不说有点讽刺意味吧！

从感慨当年的礼法之争“为无谓也”[3]，乃至是“忏悔之无地”式的反省，其心路历程，有怎样的崎岖与震荡，让人揣测。他的解释是：

> 至纂修事业，须经历二之时期：一、知新时期。凡成就必由于破败，即法律何莫不然。为表示改革之决心，荟萃各法案，甄择所长，无论何国皆然，不能执以为起草者之咎。二、温故时期。民族随生聚而成惯习，故成王之诰康叔，于文轨大同之日犹许用殷罚殷彝，此出于经验后之认定，不得嗤之为墨守旧章。[4]

这样的“说法”，不免有自圆其说之嫌，稍显勉强。不过，“破坏”与“建设”，的确是近代人物面临之双重困境，但在“不破不

[1] 董康：《前清司法制度》，《法学杂志》8卷4期，东吴大学法律学院，1935年，第465页。

[2] 董康：《前清司法制度》，第445页。

[3] 董康：《民国十三年司法之回顾》，《法学季刊》2卷3期，东吴大学法律学院，1925年，第110页。

[4] 董康：《从吾国社会实际需要略论刑法》，《社会科学季刊》6卷1期，国立北京大学，1936年3月，第247页。

立”，甚至“矫枉必须过正”之后，是否/如何能够建立一套新的制度？是仍坚持“全盘西化”，还是回归传统？不同的人在不同时期，会给出不同的答案。董康思想的扬弃，似乎是经历了这两重抉择。那么，“董康问题”又可以给我们怎样的反思呢？

二、“董康问题”的追思

近代中国，随着政治层面上宪政目标的确立，“司法独立”成为法律改革之具体目标，为此，乃有近代司法体制的建构，比如法官的职业化、专门审判机关（各级审判厅）的筹建，以及与之相辅相成的近代法律体系的移植。这一建立在近代西方工商社会基础上的制度和法律体系，对于仍处于社会转型时期的近代中国，的确是一种“超前立法”（王伯琦先生语），这也意味着新的制度及其背后的理念与社会事实之间，必然发生相当多的扞格、冲突，需要长时间的磨合、试错。但时代似乎没有给予宽松的环境，时代中的人似乎也没有平和的心态，更多的是一种“毕其功于一役”的焦灼。

晚年时期的董康于日本演讲时，曾提及清季礼法之争时，在引发争执的“未定无夫奸罪”问题上，其本人的态度，乃“无所可否，惟负修订责任，不能不有所主张”[1]。这样的话，出自一个当年法理派

[1] 董康：《中国修订法律之经过》，收入氏著：《中国法制史讲演录》，第160页。

的旗手之口，不免让人揣测：是其晚期立场改变后的敷衍，抑或的确是其当年真实的心态呢？笔者比较倾向于后者。因为作为传统文人，礼教对其影响，不可谓不深。就此而言，或许可以看出当年法理派内部构成的多样性，而当年势如水火的法理与礼教两派，亦不是我们想象中的那样泾渭分明。或许这个时候，董康更多地怀有对西方法治的信心，认为法律与礼教/道德不妨分离（但并非排斥）——不知当年沈家本，是否也有此类似的心态？近代中国法律改革者追求的目标，乃撤销领事裁判权，进而实现“法律救国”，而这，正是法律继受的合法性基础。

但民初时期，政局跌宕，军阀混战，尽管法制建设，仍在举履维艰地进行之中，但毕竟离清季改革的目标，仍有不少差距，新思潮、新法律、新制度并未带来所期待之理想，甚至适得其反。其念兹在兹的领事裁判权之撤销，似乎更遥不可及。而自身坎坷之经历，更使其需要寻求“新”的方法，乃至“新”的合法性基础。这时，考察英国的契机给他带来了灵感，传统法理论便成为其论证的理由。比如，他以“刑罚世轻世重”之理，力求重典治世、严惩三类人：

> 一曰刑贪，专以绳渎赃之官吏。依暂行刑律八十三条第一项规定，议员、委员、职员亦属焉；一曰刑乱，专以绳构乱之政客及军人；一曰刑暴，专以绳掳人勒赎之匪徒及结移行劫之兵卒。

> 三者行为虽殊，而残民蠹国，目的则一。此项观念，衡以严格法律，容有抵触，然乱丝必斩，乘除至理。[1]

他在回归传统的路上越走越远，法失而求诸于“礼”，他试图上通过礼教重塑权威，维持国家社会秩序之安定，下借助习惯获得认同，保障法律执行之顺利。于是，兼有意识形态性质与习惯功能的礼，又得以在他身上还魂。

他是这样总结其心路历程：

> 自欧风东渐，关于刑法之编纂，谓法律与礼教论不宜混合。鄙人在前清从事修订，亦坚执此旨。革易后服务法曹十年，退居海上，服务社会又若干年，觉得有一种行为，旧时所谓纵欲败度者，今于法律不受制裁，因之青年之放任，奸宄之鸱张，几有狂澜莫挽之势，始信吾东方以礼教立国，决不容无端废弃，致令削足就履。[2]

有学者推测，董康发表《刑法宜注重礼教之刍议》之时期，大约是在二十世纪三十年代，即在他六十岁后。当时已由国民政府取代北

---

[1] 董康：《民国十三年司法之回顾》，第113页。

[2] 董康：《刑法宜注重礼教之刍议》，收入氏著：《中国法制史讲演录》，第117页。

洋军阀。其思想之转变，或因其如时下流行之说法“换了位置就换了脑袋”。当时，六法正于制定之中，法制之现代化已成为不可逆转之势，对其所持之主张，似不妨认之为一个传统儒家人物于社会及文化情势之激变中，认识到其无法力挽“狂澜”之时，失落中所兴之思古幽情。[1] 的确，董康思想之转折，乃一综合性的因素，[2] 而其提倡恢复礼教对时代之影响，也许已是波澜不兴，但或许我们更应对其抱一种同情的理解。如果说传统中国的法律，因与礼之结合，契合传统社会之结构，而获得其合法性，那么在社会转型期，建立新的合法性之重要性，毋庸置疑。当年法律改革乃以撤销领事裁判权为目标而暂时获得这一合法性的基础，那么，在理想与现实出现差距的时候，如何使新的制度熨帖人心，而不是在简单的激进与保守间左冲右突，丧失自我，这才是董康问题给我们的警醒——而这，除了需要智慧，更需要耐心与宽容！

[1] 黄静嘉：《中国传统法制儒家化之登场、体系化及其途穷——以程树德所辑两汉春秋决狱案例为切入点》，《春秋折狱与传统法律论文集》，“中研院”史语所，2004年，第54-55页。

[2] 比如还有日本的影响，日本在继受大陆法系的过程中，亦出现了种种的问题，并引起反思与修正。董康曾多次赴日，自然有所了解日本对继受大陆法的反省，亦在一定程度上促成了一个中国法律学者对旧制的回归。

伍　简短的结语

观董康的一生，作为法律人，他勤心勤力，作为文人，他多情多艺；他是成功的学者，却是失败的政客；他经历了青年的辉煌，亦有着晚年的失足。

一个人物的思想，总有其时代的烙印。如同风云多变的近代社会一样，董康的思想也充满了吊诡。现代西方最新的法律思潮，中国传统的礼教，曾在其思想深处取得共容，他试图去协调，去兼容，但现实却迫使他做出抉择，最后，旧传统战胜了新思潮。他的经历，让人想起了一个哈姆雷特式的提问：

历史，进化抑或循环，是一个问题。

附：董康年表（1867—1948）

（作者识）本年表根据下列诸书汇整而成：

(1) 正文所引董康的著辑、讲演、日记。

(2) 《申报》1920—1927（影印本，上海书店，1983年）。

(3) 李贵连：《沈家本传》（法律出版社，2000年）。

(4) 黄源盛：《民初法律裁判与变迁》（政治大学丛书47，2000年）。

(5) 娄献阁、朱信泉主编：《民国人物传》（中华书局，2000年），卷10。

(6) 《民国人物大辞典》（河北人民出版社，1991年）。

(7) 宋念慈：《董授经先生和他的日本朋友》，《传记文学》7卷2期（传记文学杂志社，1965年）。

中国历	公 历	记 事
同治六年三月二十二日	1867年4月26日	出生于江苏武进（今常州市）。
光绪十四年	1888年	戊子科举人。
光绪十五年	1889年	己丑科进士。

中国历	公 历	记 事
光绪 二十六年	1900年	时任刑部主事隶陕西司。 义和团运动，八国联军侵占北京。事变后，任刑部提牢厅主事，总办秋审兼陕西司主稿。
光绪二 十七年 正月初八	1901年	参与监斩主战的刑部左侍郎徐承煜、军机大臣启秀。
光绪 二十八年	1902年	四月，沈家本、伍廷芳奉命修律，晚清法律改革启动。
光绪 三十一年	1905年	三月，沈家本、伍廷芳向清廷上《删除律例内重法折》，主张废除凌迟、枭首、戮尸、缘坐、刺字五种酷刑。该改革刑制奏稿由董康草拟。 与张仲和翻译日本学者高木丰三的著作《日本刑法义解》（修订法律馆）。
光绪 三十二年	1906年	四月，以刑部候补郎中的身份赴日本调查裁判监狱事宜，十二月回国。 清廷宣布“筹备立宪”，并进行官制改革，刑部改为法部，专任司法；大理寺改为大理院，专任审判。沈家本任大理院正卿。随后爆发“部院之争”。 沈家本、伍廷芳制定《刑事民事诉讼法草案》，引发“礼法之争”。

中国历	公 历	记 事
光绪三十三年	1907年	沈家本、俞廉三、英瑞被任命为修订法律大臣，修订法律馆重组。十月，经沈家本奏请，董康被清廷简任为法律馆提调，总管法律馆具体事务。 翻译日本学者小河滋次郎的《日本监狱访问录》、《狱事谭》（修订法律馆）；日本司法省参事斋田十一郎的《日本裁判访问录》（农工商部排印）；辑《调查日本裁判监狱报告书》（农工商部排印）。 京师法律学堂开学，任教务提调。
光绪三十四年	1908年	以修订法律馆提调、大理院推事的身份赴日本，聘请日本法学博士、商法专家志田钾太郎任修订法律馆调查员。
宣统二年	1910年	礼法两派就《修正刑律草案》展开争论，发表《董科员辩刑律草案不必模范外国》《董科员青岛赫教习说帖驳议》，支持沈家本。
民国元年	1912年	赴日本留学，习法律。
民国三年	1914年	回国。二月署大理院院长，八月改实任。 任法律编查会副会长，兼任中央文官高等惩戒委员会委员长。 发表《匡救司法刍议》（庸言报馆发行，《庸言》，2卷第1、2号合刊）。
民国四年	1915年	任全国选举资格审查会会长。 与汪有龄、章宗祥修订《暂行新刑律》，成《修正刑法草案》。

中国历	公 历	记 事
民国七年	1918年	与王宠惠同任修订法律馆总裁。 修订法律馆针对《修正刑法草案》重加厘定，编成《刑法第二次修正案》。
民国九年	1920年	任靳云鹏内阁司法总长。
民国十年	1921年	署理梁士诒内阁司法总长。 任大理院院长。 兼司法官惩戒委员会委员长。
民国十一年	1922年	兼任偿还内外短债委员会会长。 查前任财长张弧发行公债舞弊案。 任颜惠庆内阁财政总长。 各部索薪，被殴受辱，请辞财政总长。 八月与周自齐赴欧美考察工商、法制。 曾到法国国家图书馆“敦煌室”研究，并抄录有关唐代法律史料。 被任命为大理院院长，未到任以前由余棨昌代理。 被任命兼司法官惩戒委员会委员长，未到任以前由胡诒穀代理。
民国十二年	1923年	1922年底至1923年初漫游英伦，调查司法系统，主张学习英国法制。 被任命为法权讨论委员会副委员长。 经日本考察司法后回国。
民国十三年	1924年	任上海各法团运动收回公廨代表。 发表《前清法制概要》（《法学季刊》2卷2期）。 与王宠惠同被东吴大学校长刘伯穆赠予法律博士学位，于东吴大学任教。

中国历	公 历	记 事
民国十四年	1925年	与孟森发起改正条约会，发表《改正条约会附刊——缘起》（《兴业杂志》1卷1期）。
民国十五年	1926年	发表《改正条约之全部与局部》，（《兴业杂志》1卷2期）。 发表《民国十三年司法之回顾》，（《法学季刊》 2卷3期）（按：该文最早发表于民国十三年十月十日的《申报》上）。 与章太炎被推任为上海法科大学校长。 被孙传芳通缉，于12月30日避居日本，冒名书商沈玉声于东京、京都两地访寻古书，并据此经历，著成《书舶庸谈》（即《董康东游日记》）。
民国十六年	1927年	四月底回国。任上海法科大学教授，兼北京大学法科教授；执业律师。
民国十七年	1928年	出版《刑法比较学》上册（法学编译社）。发表《新旧刑律比较概论》（《法学季刊》3卷5期）。发表《虞舜五刑说》（《法学季刊》3卷7、8期）
民国十九年	1930年	发表《唐律并合罪说》（《法学季刊》4卷5期）。
民国二十年	1931年	任国民党法官第三届训练所所长。 发表《科学的唐律》（《现代法学》1卷2–6期、9–10期等连载）。

中国历	公 历	记 事
民国 二十二年	1933年	重返北平，任北京大学法科教授、研究院导师。 发表《论秋审制度与欧美减刑委员会》（《法轨》创刊号）。 应日本“中国法制研究会”之邀请，往日本演讲。于学士院讲“春秋刑制考”，于学士会、东京帝国大学等校讲“中国修订法律之经过”，于明治大学、中央大学、法政大学讲“中国历代刑制之变迁”，于早稻田大学讲“中国编纂法典之经过”，于庆应大学讲“采用证据之今昔观”，于学士会讲“中国分权问题”。
民国 二十三年	1934年	发表《我国法律教育之历史谭》（《法学杂志》（第7卷第3期、第4期、第5期、第6期）。 与刘志扬、林众可、林超、陈沂编撰《法律大辞典》（汪翰章主编，大东书局）。
民国 二十四年	1935年	发表《前清司法制度》（《法学杂志》8卷4期）。
民国 二十五年	1936年	发表《从吾国社会实际需要略论刑法》（《社会科学季刊》第6卷第1期）
民国 二十六年	1937年	日帝发动全面侵华战争，华北沦陷。 十二月，任王克敏伪华北中华民国临时政府议政委员会常务委员。

中国历	公 历	记 事
民国二十七年	1938年	任伪中华民国临时政府司法委员会委员长。
民国二十九年	1940年	华伪临时政府并入汪伪临时政府，改任汪伪国民政府华北政务委员会委员，后随王克敏辞职。
民国三十年	1941年	辑成《秋审制度》（第一编）。
民国三十一年	1942年	出版《中国法制史》《集成刑事诉讼法》。
民国三十四年	1945年	抗战胜利，被国民政府通缉，因病未被收审。
民国三十七年	1948年	于北平病死，终年82岁。

从礼法论争到孔教入宪

——法理健将汪荣宝的民初转折

一　清廷复辟帝制上谕中的刑律问题

民国六年（1917年）7月1日，张勋复辟，清帝溥仪发布上谕，“以纲常名教为精神之宪法，以礼义廉耻收溃决之人心”，并颁布革新九条，具体内容是：

（一）钦遵德宗景皇帝谕旨，大权统于朝廷，庶政公诸舆论，定为大清帝国，善法列国君主立宪政体。

（二）皇室经费，仍照所定每年四百万元数目，按年拨用，不得丝毫增加。

（三）懔遵本朝祖制，亲贵不得干预政事。

（四）实行融化满汉畛域，所有一切满汉官缺，已经裁撤者，概不复设，至通婚易俗等事，并著所司条议具奏。

（五）自宣统九年五月本日以前，凡与东西各国正式签订条约，及已付债款合同，一律继续有效。

（六）民国所行印花税一项，应即废止，以纾民国，其余苛细杂捐，并着各省督抚查明，奏请分别裁撤。

（七）民国刑律不适国情，应即废除，暂以宣统初年颁布现行刑律为准。

（八）禁除党派恶习，其从前政治罪犯，概予赦免，倘有自弃于民而扰乱治安者，朕不敢赦。

（九）凡我臣民，无论已否剪发，应遵照宣统三年九月谕旨，悉听其便。[1]

九条之内，涉及国体、皇室、民族、外交、税收、政治犯、剪辫等国政民生宏观事宜，惟有第七条有关具体的法律，即清末民初的刑律问题。该法何以如此重要，乃至清廷复辟帝制时仍然念兹在兹？

对第七条之理解，需要掌握其历史情境。所谓“民国刑律”，指的是民国元年（1912年）施行的《暂行新刑律》。清末民初的法律具有很大程度上的相承性，该律的渊源，乃清季宣统二年十二月初六日（1911年1月6日）颁布的《钦定大清刑律》（以下称之为《大清新

[1]　《东方杂志》，第十四卷第八号，1917年8月，第203-204页。其中第四项的“宣统九年五月本日之前”乃复辟者按照旧历法计算，民国六年七月一日即宣统九年五月十三日。

刑律》）。清季时期，《大清新刑律》用时六年（1906—1911年），凡七案（从预备案到钦定第六案），历经督抚签注复议到资政院投票表决等新旧程序，期间爆发了法典编纂中最激烈的论战——礼法论争——形成了“礼教”与“法理”对峙的新旧两派。

所谓礼教派，以军机大臣张之洞和资政院钦定议员劳乃宣为代表，支持者有法部郎中吉同钧、礼学馆总纂大臣陈宝琛、京师大学堂总监督刘廷琛、德国人赫善心等人，多为旧式功名出身。法理派，以晚清修律大臣沈家本为代表，支持者有日本客卿、刑法学者冈田朝太郎和董康、杨度、江庸、汪荣宝、章宗祥、陆宗舆、曹汝霖等一干新锐。这群青壮团体，多有留学（主要是留日）背景，在清季重要法政机构如宪政编查馆、资政院、修订法律馆中位居要职，活跃异常。

两派冲突和妥协结果是新刑律的正文更多体现出法理派的主张，礼教派的意见则主要以附加条款的方式集中展现，伊始为《附则》五条，后修订为《暂行章程》五条。从礼教派的支持者、律学家吉同钧专门拟定了《附则》中，从中可以看出礼教派的诉求，具体内容为：

第一条 本律因犯罪之情节轻重，故每条仿照各国兼举数刑以求适合之审判，但实行之前仍酌照旧律略分详细等差，另辑判决例以资援引而免歧误。

第二条 中国宗教尊孔，向以纲常礼教为重，况奉上谕再三告诫自应恪守为遵行，如大清律中十恶、亲属相隐、干名犯义、存留养亲以及亲属相奸、相盗、相殴并发冢各条，均有关于伦常礼教，未便蔑弃，如中国人有犯以上各罪，仍照旧律办法另辑单行法以照惩创。

第三条 应处死刑，如系危害乘舆、内乱、外患及对于尊亲属有犯者仍照臣馆第一次原奏以斩刑俾照炯戒。

第四条 强盗之罪，于警察及监狱未普设以前，仍照臣馆第一次原奏，另辑单行法酌量从重办理。

第五条 中国人卑幼对于尊亲属不得援引正当防卫之例。[1]

五条之内，以第二条的前半句最为提纲挈领，其将纲常礼教上升到宗教的高度，可以折射出礼教派在当时历史时空下的论争策略。一言以蔽之，纲常礼教如何在法律中合理定位，成为两派的争执焦点。

尽管从现代视角看，新刑律作为第一部近代刑法，仅仅是清季众多近代部门法律中的一种，但从传统法的内在逻辑上看，所谓“律”乃一朝之大典，不得轻易变更，明、清两朝制律，分别在洪武三十

[1] 收入修订法律馆编：《修正刑律案语》，铅印本，北京大学图书馆藏。同为特别条款，《附则》与后来的《暂行章程》相比，相关罪名和事项基本相同，区别之处是：1.《附则》更强调主体问题，即适用中国人，《暂行章程》则无；2.《暂行章程》增加了最具争议的“无夫奸入罪”条款；3.“暂行”二字显示了更多的过渡色彩。参见陈新宇：《〈钦定大清刑律〉新研究》，《法学研究》2011年第2期，第200页。

年和乾隆五年定律之后，皆有不得更改律文之祖制。晚清仿行宪政，制定近代新法，在新刑律实施以前，仍然颁布从《大清律例》删修而来，也即张勋复辟时试图恢复的《钦定大清现行刑律》作为基础的刑律，[1] 所以从历史惯性上，新刑律可以说承载着古代律典之功能，凝聚着古典法制"以法为教""明刑弼教"等"意蒂牢结"（ideology）问题，对其更深刻之理解，从古今沟通的视野上看，应该上升到宪法之高度。管见以为，正是上述"律"之重要性的历史因素和新刑律承载着更多"法理"而非"礼教"的近代色彩之原因，在复辟的宪法语境下，清廷宁可恢复更传统的《大清现行刑律》，也不要同样在清末已经钦定颁布的《大清新刑律》。

以将新刑律纳入宪法层面讨论之新思路，如果我们放宽历史的视野，考察民国的制宪历史，可以惊奇地发现，清末礼法论争中的法理健将、曾力主废除附加条款《暂行章程》的汪荣宝，却在民国二年（1913年）《天坛宪草》制定过程中，成为支持"孔教入宪"的代表人物。从《大清新刑律》到《天坛宪草》，在清末民初这一跨度不长的时空中，一个以"反礼教"形象出现的法律专家有怎样的表现？有何种心路历程？为何有如此大幅度之变化？在先前有关汪荣宝的研

[1] 《修订法律大臣沈家本等奏请编定现行刑律以立推行新律基础折》，故宫博物院明清档案部编：《清末筹备立宪档案史料》（下），中华书局，1979年，第851页以下。

究[1]中，皆不曾关注汪氏这一变化，亦不曾利用民初《宪法起草委员会会议录》[2]之类的一手资料，因此笔者不揣浅陋，以此新材料为基础，着重考察汪荣宝在民初立宪时的表现，尝试对上述问题作出回应与解答。

二、汪荣宝与天坛宪草

汪荣宝（1878—1933），江苏元和人，字衮父、衮甫，名彦，号怀之，清末民初重要的政治家、法学家、外交家。其主要履历为：

清末时期：1897年考取拔贡，1898年朝考中榜，授兵部七品

---

[1] 就笔者掌握的情况，从法政视角对汪荣宝进行专门研究的著述，可见任学：《试论汪荣宝的宪政思想》，河北大学硕士学位论文，2009年5月；赵凤林：《法制近代化中的实干家——汪荣宝（1878—1933）》，《法制史研究》（台湾）第19期，2011年6月；赵凤林：《汪荣宝评传》，南京大学出版社，2012年。另有通过汪荣宝日记对晚清法制变革展开研究，对汪氏有所涉及之作品，代表性有如王晓秋：《清末政坛变化的写照——宣统年间〈汪荣宝日记〉剖析》，《历史研究》1989年第1期；俞江：《两种清末宪法草案稿本的发现及初步研究》，《历史研究》1999年第6期；吴泽勇：《清末修订〈法院编制法〉考略——兼论转型期的法典编纂》，《法商研究》2006年第4期；尚小明：《"两种清末宪法草案稿本"质疑》，《历史研究》2007年第2期；吴泽勇：《〈大清民事诉讼律〉修订考析》，2007年第4期；陈煜：《清末新政中的修订法律馆——中国法律近代化的一段往事》，中国政法大学出版社，2009年；胡震：《亲历者眼中的修订法律馆——以〈汪荣宝日记〉为中心的考察》，《华中科技大学学报》2010年第3期；陈新宇：《〈钦定大清刑律〉新研究》，《法学研究》2011年第2期等。惟上述研究皆无使用从其清末民初转折之视角展开讨论。

[2] 收入李贵连主编：《民国北京政府制宪史料》，第1册、第2册，线装书局，2007年。

京官。1900年入上海南洋公学“特班”学习英语，1901—1904年留学日本，分别在早稻田大学攻读法政和庆应义塾学习东西历史。归国后，历任兵部主事、丙午中央官制起草科委员，民政部主事、右参议、左参议，宪政编查馆编制局正科员，修订法律馆纂修、第二科总纂，资政院法典股副股长，纂拟宪法大臣，当选资政院钦定议员。参与起草《钦定宪法大纲》《资政院院章》《大清新刑律》《大清民事诉讼律》《大清刑事诉讼律》《法院编制法》《钦定大清宪法草案》等重要法案。民初时期：1912年，当选北京临时参议院议员，参与起草《中华民国国会组织法》《参议院议员选举法》《众议院议员选举法》等法案。1913年以私人名义起草宪法草案，加入进步党，当选国会众议员议员，任宪法起草委员会委员，参与起草《中华民国宪法草案》（天坛宪草）。1914年出任比利时公使，1919年出任中国首任瑞士公使，1922年出任驻日全权公使。著有《法言义疏》（注疏）、《清史讲义》、《史学概论》、《思玄堂诗》、《新尔雅》（与叶澜合编）等。[1]

从学养上看，汪荣宝乃旧式功名出身，亦有较长时段的留学经

[1] 参见赵凤林：《法制近代化中的实干家——汪荣宝（1878—1933）》，《法制史研究》（台湾）第19期，2011年6月，第289-321页。

历，文法双修，无论东学抑或西学皆有较深入的理解和把握，其思想开明中庸。从为政上看，其曾在清末三大新设的法政机构——宪政编查馆、修订法律馆和资政院担任要职，民初议会中也是重要一员。当时重要的政治活动与法案编纂，汪荣宝可谓无役不与，是重要的参与者与见证人。需要特别指出的是，与出生于1840年精通传统律学的晚清修订法律大臣沈家本相比，汪荣宝无疑对近代法学有更多的了解，在宪政领域的参与度更高，对照两代法政人的人生轨迹，昭示着智识与政治的转型。

中国近代立宪的一波三折，可以在民国二年（1913年）中华民国第一届国会的制宪历程中得到充分的体现。这部被寄予厚望，特别在天坛祈年殿中进行起草的《中华民国宪法草案》，在宪法起草委员会三读通过将其交给宪法会议后，便因袁世凯解散国会，由此而戛然中止。狭义上的"天坛宪草"，即指这部民国二年（1913年）11月1日提交于宪法会议的草案，广义上之所指，则包含此后读会过程中数次修订的内容。在民国五年（1916年）洪宪帝制闹剧收场，黎元洪继任总统恢复国会后，宪法会议始得开始初读、二读之事，但二读未竟，便因府院之争，张勋入京调停并解散国会，制宪二度中辍。随后清廷复辟、护法战争等政乱、战事接踵而至，宪法草案的二读、三读，一直要等到民国十一年（1922年）直奉战争后，黎元洪复位总统，国会第二次恢复才得赓续与完成。惟期间又牵涉曹锟贿选总统丑闻，因此这部于民国十二年（1923年）10月10日在曹锟就职总统之日公布的《中华民国宪法》，虽然法良意美，却“瑜不掩瑕”，让人印象深刻更多是其“贿选宪法”之耻辱烙印。[1]

制宪过程中“孔教入宪”问题的激烈论争，依据《宪法起草委员会会议录》《宪法会议公报》等一手资料和最新的研究成果[2]，主要集中在宪法起草（1913年）、一读和二读阶段（1916—1917年）。从程序角度分析，其需经宪法起草委员会、宪法会议审议会、宪法会议三个机构的讨论、审议与表决。宪法起草委员会由参众两院各选三十名委员组成。[3]宪法会议审议会由参众两院全体议员组成。这一两院议员各过半数出席可以开议，出席者三分之二以上同意可以议决的审议会，拥有相当大的权力：首先，审议一读会的草案大体；其次，审议在二读会中因争议不能解决的问题；再次，审议修正案及原案皆被否决，但在宪法中不得废弃者的议题。[4] 宪法会议由参议院、众议院合行之，两院议员总人数三分之二以上出席可以开议，出席议员四分

---

[1] 参见荆知仁：《中国立宪史》，台北联经出版事业公司，1984年，1989年10月第4次印行，第248-322页。关于《天坛宪草》原案及历次修正案，可见夏新华等整理：《近代中国宪政历程：史料荟萃》，中国政法大学出版社，2004年，第442-462页。

[2] 马赛：《民初立宪活动中的孔教问题研究》，中国政法大学硕士学位论文，2010年3月，第12-46页；陈伟：《儒教入宪——民元国会制宪中的国教案及其论争》，中央民族大学硕士学位论文，2010年3月，第10-56页。

[3] 参见荆知仁：《中国立宪史》，第249页。

[4] 参见《宪法会议规则》第43、46、10、13、35条，该《规则》收入夏新华等整理：《近代中国宪政历程：史料荟萃》，第192-196页。

之三以上同意可以议决。[1] 从现有资料上看，在读会阶段，宪法起草委员会续行提出修正案，[2] 宪法会议和宪法会议审议会之间亦呈梅花间竹接力开会之态势，[3] 足可证明在这一期间三者的沟通状态。“孔教入宪”支持者与反对者，正是在上述三个机构协调互动的复杂程序运行中展开攻防论辩。

需要特别指出，从现有资料上看，作为宪法起草委员，汪荣宝仅仅参与了民国二年（1913年）即狭义的天坛宪草之起草活动。国会重开后，民国六年（1917年）1月30日宪法起草委员会再起炉灶，所列委员名单中没有出现汪氏之名，[4] 估计此时其已在外交任上，不再参与制宪事业。但如果仅从实体角度进行分析，孔教入宪问题的论争焦点，在起草过程中实际上已经完全展示，其后一读与二读时的讨论与策略，只是之前论争之延续与逆袭，因此集中于起草阶段的分析，既可以对汪荣宝之主张立场，亦能间接达到“孔教入宪”问题研究的管中窥豹之效。

---

[1] 参见《宪法会议规则》第1、2、36条。

[2] 如1916年起草委员会续行提出主权、地方制度等章，夏新华等整理：《近代中国宪政历程：史料荟萃》，第449-451页。

[3] 《两院会合会、宪法会议、总统选举会开会日期次数一览表》，收入李贵连主编：《民国北京政府制宪史料》，第3册，线装书局，2007年，第7-16页。

[4] 在1913年国会解散前，宪法起草委员会共开会33次，1917年1月30日重新开会，为第34次。关于第33次与第34次会议所列的起草委员名单，可分别见李贵连主编：《民国北京政府制宪史料》，第2册，第453-436页和第7册，第533页。

三、孔教入宪论争中的汪荣宝

天坛宪草有关孔教入宪问题讨论的记载可见宪法起草委员会第5次、第22次、第23次，第24次、第32次、第33次会议录，[1] 衮衮诸公的各番高论之中，有据可查的汪荣宝长短发言凡9次，让人印象深刻，其要点归纳如下：

（一）支持孔教为国教

在宪法起草委员会第22次会议上，陈铭鉴提出“应于宪法中明定孔教为国教”[2]，汪荣宝表示支持。汪氏的发言分为立论与驳论两面，前者阐述支持理由，后者驳斥反对意见。

汪氏之理由乃从事实维度出发，其认为：“孔教之尊，乃二千年来历史上之事实，并非自我辈主张定孔教为国教也”，在此基础上，更兼以不成文宪法的学理，以孔教之一尊地位且对他教之兼容并包性为国粹，加以佐证，其指出：“夫世界各国凡立宪法，并非仅照外国普通之成文钞录成帙已也，必应将其本国历史上所已成为不成文宪法之国粹，以明文规定之，于是乃能釐然有当于人心。夫孔教虽为一尊，然于一尊之外，多所放任兼容并包，绝未尝限制人民之自由信

[1] 详见李贵连主编：《民国北京政府制宪史料》，第1册，第79页；第2册，第34-45、50-71、98-103、420-430、457页。

[2] 李贵连主编：《民国北京政府制宪史料》，第2册，第35页。

仰，而人民之信仰孔教者，终居最大多数，是孔教者，固已俨然成为国教，而于其他诸教一听人民之自由信仰，亦既成为不成文宪法矣，然则现在将此不成文之宪法编为成文之宪法，是不诚可谓为釐然有当于人心之举耶。”[1]

反对孔教入宪为国教者有四种理由。第一种认为这会使得蒙、回、藏产生二心，在政治有妨碍，在领土上有危险。汪荣宝从清朝历史出发，认为其未入关前，信奉喇嘛教，入主中原后反倒信奉孔教，蒙、回、藏三族也在清代并入中华结成一国，因此孔教为国教不会发生国家分裂。第二种认为孔教注重在人伦，现在君臣一伦已无，尊奉孔教会导致野心家恢复帝制。汪荣宝从孔子之书中寻找论据，认为孔子之道就有民权和共和思想。第三种认为孔子之教乃教育之教而非宗教之教。汪荣宝认为教育与宗教虽然是两回事，但所谓“教”乃有使人信仰之意（此处汪氏用的是“迷信”一词），宗教的功能是维持社会纠正人心，孔教的效果也是如此。第四种认为定孔教为国教只需法律或者部令，无需宪法。汪荣宝认为孔教是民国统一巩固之利器，需要以最高位阶之宪法来表彰该不成文宪法。[2]

（二）批评《临时约法》的信教自由条款

在宪法起草委员会第23次会议上，汪荣宝借宪法起草委员会委员

[1] 李贵连主编：《民国北京政府制宪史料》，第2册，第40-41页。

[2] 参见李贵连主编：《民国北京政府制宪史料》，第2册，第41-45页。

长汤漪将孔教入宪问题的讨论范围限定于“孔教应否定为国教”和“中华民国应否设立宗教”[1]之机，抨击《中华民国临时约法》的信教自由条款。

汪氏所论有三个方面。首先，他认为中国历史对宗教有两大主义，一以孔教为一尊，二不禁人民信仰他教，但该条款却有悖历史，导致开放耶教排斥孔教之事实后果，需要加以挽救。其次，他认为孔教乃宗教。在宗教定义难以界定的情况下，其展开反面论证，提出如果要证明孔教不是宗教，需要从佛耶回诸教中抽出孔教所无的共同要素，此点既然无法做到，孔教则应该为宗教，孔子乃教主。他更以国家形态类比论之，认为君主国、民主国皆可视为国家，同样，孔教亦可视为宗教。最后，他总结认为如果宪法中有宗教字样，就应该定孔教为国教。[2]

随后宪法起草委员会进行“宪法是否规定孔教为国教”及类似提议的表决，皆没有获得通过。[3]从目前资料上看，汪荣宝请假缺席了第24次会议。[4]有意思的是，在该次会议上，宪法起草委员会开始进行宪草条文的二读，其中第十一条“中华国民有信仰宗教自由，非依法律不受制限”成了主张孔教入宪者反击的靶子，其主张删除该条，但没

[1] 李贵连主编：《民国北京政府制宪史料》，第2册，第54页。

[2] 参见李贵连主编：《民国北京政府制宪史料》，第2册，第63-67页。

[3] 李贵连主编：《民国北京政府制宪史料》，第2册，第68-71页。

[4] 李贵连主编：《民国北京政府制宪史料》，第2册，第78页。

有获得成功。[1] 此种行为背后的动机，可以揣测是试图弥补孔教无法入宪之遗憾，以删除信教自由条款进而削弱耶教地位，达到维持孔教地位之目的。回顾稍早之前汪荣宝的言论，倒颇有未雨绸缪、先知先觉的意味。其间是否有因果关系，限于资料，只能暂时存疑。

（三）提议增加“国民教育以孔子教义为大本”

在宪法起草委员会第32次会议上，汪荣宝提出在宪法草案第十九条“中华民国人民依法律有受初等教育之义务”之下增加第二项“国民教育以孔子教义为大本”。[2]

汪氏的论据主要有三点。第一，事实维度上，中国二千年之学说均由自孔子。反对孔教入宪者乃从宗教角度提出，并不反对孔子教义，孔子之教义可为中华民国之教育。第二，应认识真正的孔子教义。孔子之教义、孔子之学说记载于论语、六经，经训之外不能全谓孔子之教，所谓三纲五常并不来自孔子而是后人所加，孔子对民主的主张甚多，孔子所谓“忠”并非忠君之意，而是如彼此交际当忠、人民忠于国家，乃论语所谓忠恕。第三，该项规定与信教自由并不冲突。信教自由乃良心问题，国家不应以法律加以限制，教育则应该宗旨不变，必须以宪法规定之。孔教乃人伦道德，与宗教并无关系。[3]

---

[1] 李贵连主编：《民国北京政府制宪史料》，第2册，第98-103页。

[2] 李贵连主编：《民国北京政府制宪史料》，第2册，第420-421页。

[3] 参见李贵连主编：《民国北京政府制宪史料》；第2册，第421-422、427页。

在汪氏之后提出类似的动议还有三件。随后宪法起草委员会以第十九条后增加一项“国民教育以孔子之道为修身之大本”展开表决，获得通过。[1] 在宪法起草委员会第33次会议举行的三读会上，该条亦维持此项文字，[2] 此乃狭义天坛宪草第十九条之定稿。

国会重启之后，孔教入宪问题再经初读、二读程序的多次激辩，民国十二年（1923年）颁布的《中华民国宪法》，信教自由与教育条款最终分别确定为“中华民国人民有尊崇孔子及信仰宗教之自由，非依法律不受制限”（第十二条）和“中华民国人民依法律有受初等教育之义务”（第二十条）[3]，孔教最终没有被定为国教，惟其定位再次离开教育而回归宗教。

四、汪荣宝之变

从礼法论争到孔教入宪，汪氏对于礼（孔）教之立场，似乎有着巨大的转折，让人颇有大人虎变之感，如何解释之?

（一）善变之质

从经验上看，汪荣宝自身似乎便有“善变”特质，试举证据如下：

---

[1] 李贵连主编：《民国北京政府制宪史料》，第2册，第429-430页。

[2] 李贵连主编：《民国北京政府制宪史料》，第2册，第457页。

[3] 《中华民国宪法》，收入夏新华等整理：《近代中国宪政历程：史料荟萃》，第522页。

1、速开国会两端之变

清末仿行宪政，发生国会请愿运动，要求速开国会，当时担任资政院钦定议员的汪荣宝表现尤其活跃，但在该过程中，《申报》曾刊文《异哉汪荣宝以一人而具两副之面貌》，指责其一方面对众议员主张速开国会，一方面对政府却倡言反对之举。[1] 当时报刊的一张政治漫画便讥讽其“赞成”与“反对”兼具的善变形象，更配以“国家将亡，必有妖孽”的文字，让人印象深刻。当然也需要特别指出，此类臧否，仅仅是一家之言耳，不能抹煞汪氏对中国法律近代化之贡献。

2、国教入宪与否之变

民国初年私人草拟宪法蔚然成风，在民国二年（1913年）5月4日、5月11日的《宪法新闻》第四期、第五期上，便刊登有汪荣宝所拟的宪法草案[2] 。如果说清季其参与如《钦定宪法大纲》等宪法性文件的起草，但此类文本更多地显示朝廷意志与集体智慧的话，私人宪草则应该是个人心中理想宪法秩序的体现，但爬梳文本，此时的汪草文本中并无孔教相关字眼。在同年7月22日宪法起草委员会第2次会议上，汪荣宝和孙钟、张耀曾和黄云鹏四人被指定起草宪法草案大纲，

---

[1] 参见赵凤林：《汪荣宝评传》，第128-136页。

[2] 收入李贵连主编：《民国北京政府制宪史料二编》，线装书局，2008年，第2册，第123-127、295-302页。另可见夏新华等整理：《近代中国宪政历程：史料荟萃》，第340-344页。

汪荣宝漫画

列举宪法议题，[1] 在7月29日的第3次会议上主席汤漪提到“先有汪君荣宝以个人名义提出宪法问题，已付油印”，当日还有孙钟、黄云鹏之版本，经讨论决定将三种大纲合并整理提出报告。[2] 在8月6日的第5次会议上，朱兆莘发言中曾提到“汪君初稿有国教一条，吾国本以孔教为国教，究竟应否现定，其如何规定之法，亦属重要问题，所以本员提起讨论”[3]，此处所谓“初稿”，应指先前付梓的汪氏草案大纲。根据以上考据可以得出，汪荣宝很可能是在民国二年（1913年）7月22日到7月29日这段时间，在起草宪法草案大纲中，才明确提出国教问题。

（二）世道巨变

1、智识话语之变

在关于孔教入宪问题的讨论中，究竟孔教是宗教还是非宗教，根据本文第三部分的整理可知，汪氏在“支持孔教为国教”时持否定说，在“批评《临时约法》的信教自由条款”时持肯定说，在“提议增加‘国民教育以孔子教义为大本’”时又持否定说，虽可谓龙腾豹

---

[1] 参见李贵连主编：《民国北京政府制宪史料》，第1册，第33-35页。

[2] 李贵连主编：《民国北京政府制宪史料》，第1册，第37-39页。从目前资料上看，张耀曾并没有提出宪法起草大纲。

[3] 李贵连主编：《民国北京政府制宪史料》，第1册，第79页，其发言中的“现”字似乎为“规”字之误。

变、辩才无碍，但其立论游移不定，也不免让人有无所适从之感。[1]

对孔教是否宗教问题之态度可以作为汪氏善变之佐证，但我们也要看到在该问题上之表现，汪氏如此，梁启超亦然。1902年梁任公发表《保种非所以尊孔论》，认为“孔教之性质与群教不同”“孔子则不可谓之宗教家”，有意思的是，该雄文之前有“著者识”，坦言：“此篇与著者数年前之论，正相反对，所谓我操我矛以伐我者也。”[2] 可见梁启超最初认定孔教为宗教，此时却加以否认。但在民初其所拟的宪法草案[3]中，第十五条赫然是“中华民国以孔子教为风化大本。但一切宗教不害公安者，人民得自由信奉”，再次将孔教比附为宗教。

此类变化折射出西学东渐之下智识转型与沟通之问题。从“四部之学到七科之学”，在西学的强势话语之下，传统儒学之概念需比附以新学术语，加以改造，才得以具有某种合法性之基础。康有为塑造“孔教”概念，视其为宗教，将之与佛教、耶稣教、回教等放在一

[1] 马赛敏锐地注意到汪氏这一变化，马赛：《民初立宪活动中的孔教问题研究》，中国政法大学硕士学位论文，2010年3月，第18页、第26页注释131。

[2] 《新民丛报》第二期，收入张枏、王忍之编：《辛亥革命前十年间时论选集》第一卷上册，生活·读书·新知三联书店，1960年，第165、163页。

[3] 其名为“进步党宪法讨论会会员拟宪法草案”，但编者识提到“闻此案系出自梁君任公之手”，《宪法新闻》第十八期，民国二年（1913年）9月8日，收入李贵连主编：《民国北京政府制宪史料二编》，第7册，第143-178页。另可见夏新华等整理：《近代中国宪政历程：史料荟萃》，第251-264页。

起对比讨论，即是此例证。[1]《大清新刑律》的《附则》中专门提到“中国宗教尊孔”，将礼教视为宗教，也是因为在此语境下这类说法更具说服力之故。

2、意蒂牢结之变

陈独秀在《宪法与孔教》之中，曾将尊孔者分为两类：

> 甲派以三纲五常，为名教之大防，中外古今，莫可逾越，西洋物质文明，固可尊贵，独至孔门礼教，固彼所未逮。此中国特有之文明，不可妄议废弃者也。乙派则以为三纲五常之说，出于纬书，宋儒盛倡之，遂酿成君权万能之末弊，原始孔教，不如是也……宋以后之孔教，为君权化之伪孔教，原始孔教，为民间化之真孔教。三纲五常，属于伪孔教范畴。取司马迁之说，以四教（文，行，忠，信），四绝（毋意，毋必，毋固，毋我），三慎（齐，战，疾），为原始之真孔教范畴。[2]

以陈独秀的分类标准，汪荣宝似乎更应该归入乙派，这在其提议增加“国民教育以孔子教义为大本”时，对孔子教义的认识上可见一

[1] 参见康有为：《性学篇》，收入汤志钧编：《康有为政论集》上册，中华书局，1981年，第13页。

[2] 《新青年》第二卷第三号，1916年11月1日，第3页。

斑。虽然以文化的整体性，似乎不可能将甲派、乙派完全割裂，但或可揣测，在汪荣宝的内心，礼法论争中的“礼教”与“孔教入宪”的孔教，虽同尊儒家教义，但内涵与重点上并不一致。更要看到，在汪荣宝的身上具有民族性与近代性并存，两者自然融合却又紧张矛盾之复杂内涵。其受传统儒家文化影响颇深，具有保守的一面，同时又经由日本接受西学，倾向支持改革。在晚清以撤废领事裁判权为契机，以“改同一律”为口号的法律改革中，在《大清新刑律》论争时，他以法理派的面目出现，主张废除《暂行章程》，更多体现出一种儒家可以接纳的权变思想，乃救亡优于启蒙。而当民国肇建，尤其是《临时约法》写入宗教信仰自由条款，儒学发生合法性危机之时，他终于挺身而出，试图把孔教作为国教写入宪法，保留住儒家的启蒙火种。更因为他熟悉议会政治，知道如何运筹帷幄，攻敌要害，最终曲折、间接地在教育条款上达成目标，使得儒学在宪法中终于有了一席之地。

五、余论

清末民初是国家社会急剧变化的时空，对时代中人之评价，不妨借用陈寅恪先生的名句：

> 纵览史乘，凡士大夫阶级之转移升降，往往与道德标准及社

> 会风习之变迁有关。当其新旧蜕嬗之间际，常呈一纷纭错综之情态，即新道德标准与旧道德标准，新社会风习与旧社会风习并存杂用。各是其是，而互非其非也。斯诚亦事实之无可如何者。杂然，值此道德标准社会风习纷乱变易之时，此转移升降之士大夫阶层之人，有贤不肖拙巧之分别，而其贤者拙者，常感受苦痛，终于消灭而后已。其不肖者巧者，则多享受欢乐，往往当贵荣显，身乐名遂。其何故也？由于善利用或不善利用此两种以上之标准及习俗，以应付此环境而已。[1]

对于汪荣宝，其为贤者，为不肖者？为拙者，为巧者？我以为，从清末到民国，从礼法论争到孔教入宪，其行为虽有善巧之一端，但更多是恪守了一个儒家宪政保守主义者之原则与底线，值得大书特书！袁氏当国，试图恢复帝制，曾将汪荣宝从比利时公使任上召回，加以拉拢，汪氏的应答是"愿公为华盛顿，不愿公为拏坡仑（案：拿破仑）也"，使得袁世凯大为沮丧。[2] 在《天坛宪草》起草之后，这位中国近代宪政非常重要的推手，在三十六岁年富力强之际，就此远离制宪的政治中心。心灰意冷明哲保身乎？功成名就急流勇退乎？让

---

[1] 陈寅恪：《元白诗笺证稿》，生活·读书·新知三联书店，2001年，第85页。

[2] 章太炎：《故驻日本公使汪君墓志铭》，收入《章太炎全集》（五），上海人民出版社，1985年，第258页。

人好生惋叹与遐想！孔教入宪的争论，也随着国民党北伐的成功，转变为三民主义是否入宪的问题。

礼教也好，孔教也罢，宗教也好，教育也罢，最终指向的都是宪法的文化之基，同时也是法律如何被信仰这一宏大根本之问题。在《天坛宪草》百年之际，这是一个老问题，也是一个新问题。

人生何处不相逢

——瞿同祖与何炳棣的命运对照

引　子

生命之树漫长却又短暂，茫茫人海之中，潮起潮落之际，有时候人与人之间宛若前赴后继扑上海岸的浪花，有瞬时交集，便又消逝于无痕。这种微妙的关联，或许是如小概率事件般无意之邂逅，但结合其时代背景与人生际遇，却又可以做出“别有一番滋味在心头”的历史解读。有念于此，笔者不揣浅陋，试图以学术散文之笔法，挖掘法学圈外的两位广义的“法学家”——瞿同祖（1910—2008）和何炳棣（1917—2012），梳理其生命中不为人所察觉的交集脉络，反思他们时代与学术、人生与人心问题。

说其是法律人，关于瞿同祖，法学圈的朋友自然不会陌生，先生虽是社会学出身，却以《中国法律与中国社会》《清代地方政府》

等鸿著享誉于法学圈，其研究对汉语法学之典范意义，经诸多学者的用心推介，已成为学界常识，毋庸笔者赘语。[1] 关于何炳棣，其以人口史、社会阶层流动、土地数量、文化起源等研究闻名于世，定位无疑是历史学家。需要指出，香港中文大学曾授予其“名誉法学博士学位”，但笔者并非就此妄加附会，之所以称他为“法学家”，是因为其在求学过程中，尤其在哥伦比亚大学攻读博士学位时期体现出来对法学知识的熟稔，例如对边沁生平与理论的了解、对英国宪法及英法政治制度的掌握等[2]。一个非常有意思却容易被忽视的典故是，何炳棣对清代的“亩”并非耕地实际面积而是纳税单位的发现，正是受到英国法学家梅特兰（Maitland）之名著《末日审判簿及其前史》

---

[1] 1981年中华书局再刊了《中国法律与中国社会》，1988年王健、范忠信等学者主持的“二十世纪中华法学文丛”整理出版了包括《中国法律与中国社会》在内的《瞿同祖法学论著集》，2003年范忠信、晏锋翻译出版了《清代地方政府》，并有对瞿先生的多篇访谈，代表性的作品有如王健：《瞿同祖与法律社会史研究——瞿同祖先生访谈录》，《中外法学》1998年第4期；王健：《瞿同祖先生谈治学之道》，《法制史研究》第6期，2006年12月；瞿同祖、赵作栋：《为学贵在勤奋与一丝不苟——瞿同祖先生访谈录》，《近代史研究》2007年第4期；林端：《由绚烂归于平淡——瞿同祖教授访问记》，《当代》第153期，2000年5月。

[2] 据何炳棣自述，他与边沁有三次相逢：一是在西南联大时为友操刀近代西洋政治思想史作业，了解到边沁思想；二是留美考试中有关边沁的经济思想史试题；三是哥伦比亚大学博士课程口试考题“评估边沁的主要理论及其对立法及议会改革的影响”。参见何炳棣：《读史阅世六十年》，广西师范大学出版社，2005年，第226-230页。另，何炳棣在1937—1938年即精读了白芝浩（Walter Bagehot）的《英国宪法》，从哥大博士课程的口试来看，其对英国宪法史的名著、英法政治的演变等颇有心得。详见何炳棣：《读史阅世六十年》，第124、231-237页。

（*Domesday Book and Beyond*）的启发[1]——法学可以，也应该不“幼稚”嘛！[2]

从普通史和专门史关系的角度讲，中国自近代以降，历史学受到现代学术分工的影响，呈现出“以收缩为扩充”[3]之趋势，即通过如法制史、文学史、哲学史等专门化的研究，从整体上推动历史学之深度广度。惟需要审慎的是，专业的划分仅仅是为了深入研究的需要，却不应以此为由而画地为牢、故步自封，所谓“法学的法律史”与“历史学的法律史”之分作为学科的事实存在即可，非要强加区别、优劣比较，则大可不必，因为王道乃是学者的素养与作品的质量，而非其身上所贴的专业标签。

从法学与历史学关系的角度讲，法律固然是解决现实社会问题的重要工具，但“知其然”之余，若要“知其所以然”，无疑需要到历史中去寻找答案，对于纠结古今中西问题的中国法学而言，历史不仅

[1] 参见何炳棣：《读史阅世六十年》，第267页。

[2] 1988年的“两会”上戴逸先生曾以“法学幼稚”“哲学贫困”“史学危机”“经济学混乱”来形容当时哲学社会科学的状况，参见龚津航：《我国法学研究的纵向思考——与杜飞进一席谈》，《法学》1988年7期。此一坦率的当头棒喝，管见以为迄今仍有警醒意义。

[3] 梁启超：《中国历史研究法》，河北教育出版社，2000年，第41页。

仅是一座博物馆，更是一座图书馆。[1] 未来中国伟大的法学家，必然也是伟大的历史学家。

一　身世

瞿同祖出生于官宦世家，其祖父瞿鸿禨，是晚清政局中位极人臣的军机大臣，时有清流之誉。清季新政，正是他与权倾朝野的奕劻、袁世凯一掰手腕，一决高下，演出一段丁未政潮。其父瞿宣治是驻瑞士及荷兰的外交官。观其家世，用现在流行的话语来说，瞿同祖可谓典型的"官二代""官三代"。管见以为，这种背景出身的人也可能是做学问的好苗子，君不见，大富大贵可造就宠辱不惊的心态，高朋满座利增加求学问道的机会，把握这种机缘，只能说命好人好，端的是可遇不可求。君不见，祖父陈宝箴官拜湖南巡抚、父亲陈三立位列"维新四公子"的陈寅恪，亦是此中之例。平允而论，官宦世家，容易造就"我爸是某某"的衙内之徒，但若循循善诱，严加管束，也能培养品学兼优之人，可见此乃因人而异、因门风而异的事。对于当代转型中国，如何消弭官、富阶层与普通人群的对立情绪，从培养学者

[1] 列文森曾借喻"博物馆"来说明儒家传统的死亡，史华慈则认为对于非物质性的文化来说，用"图书馆"来比喻更加恰当。参见郑家栋：《列文森与〈儒家中国及其现代命运〉》（代译序），收入【美】约瑟夫·列文森：《儒教中国及其现代命运》，郑大华、任菁译，广西师范大学出版社，2009年，第10、16页。

这个角度讲，倒不无启发意义呢！优裕环境中，瞿同祖由其祖父开蒙《论语》，更有著名学者的叔父瞿宣颖指点汉赋，加上自身勤奋，奠定扎实国学基础，在中学毕业后，被保送入燕京大学攻读社会学。[1]

相对于瞿氏，何炳棣无如此显赫的家世，但也是比较殷实的金华旺族，父亲何寿权，旧式文人出身，科举废除后学习法政，曾担任过民国的检察官、法官，亦是一名儒医。[2] 其父老来得子，父子间的年龄差距有47岁之大，按何炳棣的说法，这造成他青少年时期心理和学业上长期的紧张和终身脾气急躁。[3] 笔者曾于2010年在清华聆听了何先生的讲座并有幸在丙所拜会过他，深感其霹雳血性，并不因年龄之故而有所减弱，甚至老而弥坚，在西方汉学界中，何氏亦以直言不讳、批评尖锐而有“大炮”之名。父亲的影响是巨大的，怀才不遇的何父告诉何炳棣，能够供得起他念好的国内教育，却无能力供他出洋留学，更坦言：“这种年头，如无法出洋留学，就一辈子受气。”因此，何炳棣从9岁起便以考取清华、进而留学作为两大志愿。[4] 在1934年，他如愿以偿完成第一大志愿，考入了梦寐已久的清华大学，先读化学，后转为历史学并终生为业。

---

[1] 参见瞿同祖、赵作栋：《为学贵在勤奋与一丝不苟——瞿同祖先生访谈录》，《近代史研究》2007年第4期。

[2] 参见何炳棣：《读史阅世六十年》，第6页。

[3] 何炳棣：《读史阅世六十年》，第4页。

[4] 参见何炳棣：《读史阅世六十年》，第9页。

尽管有学人批评何炳棣的自传多谈留学、出国，未免过于功利，但若深入地看，便会发现其发愿实际上是时代的深刻缩影，和瞿同祖同庚并同样出自吴文藻门下的费孝通就道出大实话：

> 30年代，我在大学里念书时，周围所接触的青年可以说都把留学作为最理想的出路。这种思想正反映了当时半封建半殖民地的旧中国青年们的苦闷。毕业就是失业的威胁越来越严重，单靠一张大学文凭，到社会上去，生活职业都没有保障。要向上爬到生活比较优裕和稳定的那个阶层里去，出了大学的门还得更上一层楼，那就是到外国去跑一趟。不管你在外国出过多少洋相，跑一趟回来，别人也就刮目相视，身价十倍了。[1]

费孝通当年之所以从燕京转入清华，也是因为清华出国机会更多，这些聪颖的有志青年，怎敌他，形势比人强，不得不然也！那是时代冷酷却又真实的写照。

---

[1] 费孝通：《留英记》，收入费孝通：《江村经济》，上海人民出版社，2007年，第246页。该文写于1962年（依据文章后所附时间），收录在如2002年出版的费孝通的《师承·补课·治学》（生活·读书·新知三联书店）等书之中，当时费先生尚在人世，可见并非应景之作。

二　邂逅

1937年，日寇入侵，北平沦陷，已经在燕京完成研究生学业的瞿同祖于1938年南下重庆，同一年，清华毕业的何炳棣在上海考取了燕京大学历史系的研究生，返回北平就读，从而与瞿同祖有了校友之谊，何炳棣称瞿同祖为学长，即渊源于此。一年以后，瞿同祖到云南大学社会学系任教，兼任西南联合大学法商学院讲师，也是这一年，何炳棣来到西南联大担任历史系助教。

西南联合大学时期是两人生命的第一次交集。

在这里，瞿同祖默默地耕耘学术，他谈道："在昆明时生活和工作条件艰苦，敌机不时来袭，在呈贡乡间住了一年，夜间以菜籽油灯为照明工具，光线昏暗，不能写读，八时即就寝，于是就在床上反复思考写作中遇到的问题。有了腹稿，次晨便可奋笔疾书了。"[1] 正是在极端不便，甚至在缺乏如《宋刑统》这样重要图书资料的条件下，《中国法律与中国社会》这部中国法律社会史的典范作品诞生了，直至今天仍然一版再版。笔者曾听到一个典故，数十年后，有学者访问瞿同祖，略显突兀地问道："抗战时期怎么能安心研究写作呢？"老

---

[1] 瞿同祖、赵作栋：《为学贵在勤奋与一丝不苟——瞿同祖先生访谈录》，《近代史研究》2007年第4期。关于当时情况的描述又可见：瞿同祖：《中国法律与中国社会》1947年版序，收入《瞿同祖法学论著集》，中国政法大学出版社，1998年；王健：《瞿同祖与法律社会史研究——瞿同祖先生访谈录》，《中外法学》1998年第4期。

先生轻声作答："当时我也做不了其他事情。"真学人至纯至朴的本色，得见一斑！君不见，与《中国法律与中国社会》命运相似甚至更为坎坷的，还有同一时期金岳霖的名著《知识论》。[1]

国难时期，物质生活之贫乏与精神思想之丰富形成鲜明的对照，早在三校南迁至湖南组成长沙临时大学之时，冯友兰的如椽大笔便有传神记载："我们在衡山……只有短短的几月，精神上却深受激励。其时，正处于我们历史上最大的民族灾难时期；其地，则是怀让磨砖作镜，朱熹会友论学之处。我们正遭受着与晋人南渡、宋人南渡相似的命运。可是我们生活在一个神奇的环境：这么多的哲学家、著作家和学者都住在一栋楼里。遭逢事变，投止名山，荟萃斯文：如此天地人三合，使这一段生活格外地激动人心，令人神往。"[2]或许，正是这种历史感通与文化自觉，乃维系中华民族多难兴邦、国祚不断之力量，也是瞿同祖们能安于困境、从容不迫甚至迸发出惊人能量的原因之一。

此时的何炳棣，仍处于打基础阶段，正默默地为其第二大志愿而努力，1940年第五届庚款留美考试失利、妹妹病逝、父亲去世，打击接踵而至，不得不返回沦陷区料理父亲遗产，接济家人。好在经历了

---

[1] 金岳霖在抗战时期完成了几十万字的《知识论》，但在躲空袭中不慎遗失了文稿，只能重写，终于在1948年年底写完。详见金岳霖：《知识论》"作者的话"，商务印书馆，2000年。

[2] 冯友兰：《中国哲学简史》，北京大学出版社，1997年，第370-371页。

“个人生命史上最不堪回首，最失败的篇章”[1]之后，命运终于否极泰来，1944年第六届庚款留美考试西洋史门一举中的，一偿平生夙愿，同榜生中，就有考取物理门、后来的诺贝尔奖得主杨振宁。留美庚款考试，每门只录取一人，各门总额全国不过十几、二十余人，可证其难度之高，历届考试中榜之人后来成为大家者，不知几何，可谓龙门之试也。

1945年，何炳棣来到了纽约，就读于哥伦比亚大学。巧的是，仍然是同一年，瞿同祖也来到了纽约，来到了哥大。他是受美国汉学家魏特夫之邀，担任该校的研究员。在哥大十年中，瞿同祖修订了《中国法律与中国社会》并将其翻译成英文，后来出版的《汉代社会结构》，也应该是在此期间打下的基础。当然，此段时间工作的重心，更可能是配合魏特夫的研究。对此，何炳棣在回忆录中就不无深意地写道：

（哥伦比亚大学东亚图书馆的）书库及下一层较大的房间都被魏特夫（Karl A. Wittfogel）所主持的‘中国历史研究室’所占用……当时这研究室人才济济。冯家升燕京老学长因与魏合写的《中国社会史：辽代》业经出版，已经回到北京；瞿同祖和王毓

[1] 何炳棣：《读史阅世六十年》，第136页。

> 铨两位杰出学长负责两汉；房兆楹、杜联喆夫妇在国会图书馆完成《清代名人传记》的编纂之后立即加入魏氏的研究室，负责清代。所有搜译的各朝代资料原则上仅供魏氏一人之用，这是使我非常惊异不平的。[1]

中国学人利用国外的优越条件，以客卿身份开展研究，写出一流作品，这种合作模式，当然值得肯定。只是其背后，也不免有淡淡的惆怅，学术固然是公器，但在“客随主便”的无奈之下，研究的独立自主性不免要打折扣，正所谓“自由共道文人笔，最是文人不自由”，一流的学人，不免且无法避免某种“洋打工”的尴尬，这或许也折射出大时代背景下海外中国学人之普遍境遇。直至今天，海外中国研究不少高水准学术作品的背后，实际上都有着无数优秀中国学者、学生所做的包括资料搜集、整理、翻译在内的基础性工作，外国学者通过这些“冰人”们的成果，兼以良好的学术传统与学术训练，写出好作品，自然水到渠成。心高气傲的何炳棣为何会“惊异不平”，应该是有感而发的。

据悉，此前在中国红得发紫的某美国汉学家，在阅读中文文献上不无困难，甚至需要借助翻译，我决非否定其“学术畅销书”有值得

---

[1] 何炳棣：《读史阅世六十年》，第264页。

充分肯定、学习之处，当年林纾不谙外文，不也可以“翻译”出一流的文学作品吗？惟需要反省的是国人不应该妄自菲薄，设立双重标准来看待西方汉学与中国真正一流的学术著作（孙家红学兄一直强调此点）。更应该深刻检讨的是，为何在当代中国，古文甚至近代的白话文会越来越变成一门“外语”，进而丧失对西方汉学著述优劣高下的基本判断力？可能是我孤陋寡闻，当年清华法学院的高材生、有“汉学警察”之称的杨联陞先生对西方汉学“把天际浮云误认为地平线上的丛树”[1]这种自信、中肯的批评，今天似乎难得一见了。

三　抉择

1948年，何炳棣在完成哥伦比亚大学西洋史的博士课程学习后，来到了另外一所哥大——加拿大的英属哥伦比亚大学（UBC）任教，并从1952年起进军其念兹在兹的中国史研究——“从此踏进国史研究辽阔无垠的原野”[2]，在关于扬州盐商、人口史、土地问题等领域佳作迭出，进入了其学术的高产时期，一举奠定了他在西方汉学界的地位。在1955—1962年期间，瞿同祖从哥伦比亚来到了哈佛东亚研究中心担任研究员，兼任讲师。在这里，他完成了另外一本重要的著作

[1] 萧公权：《问学谏往录》，学林出版社，1997年，第226页。
[2] 何炳棣：《读史阅世六十年》，第266页。

Local Government in China under the Ch'ing（《清代地方政府》）。无独有偶，何炳棣也曾在1956—1957年期间在哈佛大学担任兼任研究员，在其1957年出版的*Studies On the Population of China 1368—1953*（《明初以降人口及其相关问题 1368—1953》）这本人口史名著的前言中，特别致谢瞿同祖“经常为我查考，有时甚至抄录不少这项研究所必不可少的资料”[1]，恰是两人一段惺惺相惜、学术友谊佳话的注脚。

在这段时期，两个人的生活中都出现了一个相同的主题：回国。

何炳棣最初接受英属哥伦比亚大学一年聘书，原本计划在第二年接受美国经济史学会的资助，前往英国收集资料、访问名家，以完成哥大博士论文的写作，并做进一步的打算。但天有不测风云，这个原本在1948年唾手可得、因故延缓一年申请的资助在1949年突然经费无着。随后更因大学院系中的人事纠葛，加以祖国巨变的“精神号召”，烦闷之中，他曾做出了回国的决定，甚至向校方申请回国旅费不足的补助，后因同事劝阻而罢。[2]

也是在1949年，瞿同祖的妻子赵曾玖携子女从美国回到了祖国。因中美的紧张关系，在无法直接从美回国的情况下，1962年瞿同祖

[1] 何炳棣：《明初以降人口及其相关问题 1368—1953》“前言”，葛剑雄译，生活·读书·新知三联书店，2000年。

[2] 参见何炳棣：《读史阅世六十年》，第248-250页。

来到了较为中立的加拿大，任教于英属哥伦比亚大学，并在1965年回国。[1] 1962年是何炳棣学术生涯的关键节点，他收到了来自芝加哥大学的聘书，回归学术重心之地。有意思的是，他在英属哥伦比亚大学的“中国通史”课程，正是由瞿同祖接手。根据何氏的回忆录，他在1962—1963年学术休假，1963年秋季开始芝加哥大学教研，[2] 不知在此期间，两人是否在温哥华有过短暂的相会。

1962—1963年间的一别，两人从此天涯相隔，似不曾再见了。作为一个学者，何炳棣在被动与主动之中放弃回国，却使得其学术生命得以延续并继续发展，正如在多年后，其深感1940年第一次留美考试失败反倒是塞翁失马焉知非福之反思：“我如果那年考取，二次大战结束后我应早已完成博士学位，一定尽快回国了。以我学生时期的政治立场，加上我个性及应付人事方面的缺陷，即使能度过‘百花’‘反右’，亦难逃‘文革’期间的折磨与清算。”[3] 他的好友丁则良、罗应荣当年放弃学位匆匆回国后，历经各种“运动”，或自杀、或病逝，下场凄惨悲凉，正是鲜明对照。因此，也就不难理解上世纪八十年代开会时遇见吴于廑这位第五届庚款考试的胜出者时，他会脱

[1] 参见瞿同祖、赵作栋：《为学贵在勤奋与一丝不苟——瞿同祖先生访谈录》，《近代史研究》2007年第4期。

[2] 参见何炳棣：《读史阅世六十年》，第313、353页。

[3] 何炳棣：《读史阅世六十年》，第131页。

口而出："保安兄，我是你手下败将，可是你救了我的命！"[1] 诚肺腑之言也。

而瞿同祖，则不能不让人惋叹其正处黄金年龄的学术研究之戛然而止。尽管回国时"满腔热情"，却报国无门，焦虑之中，数度住院，危及生命，最后得良医力劝，不得不放弃"再写一本好书"之心愿。[2] 遥想西南联大时虽说条件恶劣，但筚路蓝缕中仍可写作，此番却是"一片芳心千万绪，人间没个安排处"了。1998年米寿之际，中国政法大学出版社刊行其论著集，老先生在自序中提到："读者从我的著作及演讲稿目录里可以看出，八十年代以后，我便无专著问世了，仅有少量的论文及为参加国际学术活动而作的讲稿。有些学者比我年纪还大，仍勤于写作。我自愧不如，这就只能归咎于疏懒了。古人说：'少小不努力，老大徒伤悲。'我则是老大不努力，无所建树。言念及此，感慨不已。"[3]光阴荏苒，约十年后再接受采访，或许是访谈者格外贴心，或许是人瑞已感生命之限，老先生道出大实话："过去说回国后没能写出书，是自己的疏懒，那是谦虚，实际上，各

---

[1] 参见何炳棣：《读史阅世六十年》，第131页。

[2] 参见瞿同祖、赵作栋：《为学贵在勤奋与一丝不苟——瞿同祖先生访谈录》，《近代史研究》2007年第4期。

[3] 瞿同祖：《瞿同祖法学论著集》"自序"，中国政法大学出版社，1998年。

方面的条件都不允许。”[1] 端的让人不胜唏嘘！这里笔者只能一声叹息，不管多优秀的学者，在命运面前，也永远是大时代里的小人物！

进而追问，何种条件不允许呢？除大的政治环境外，细节上的东西颇值注意。瞿同祖曾不止一次地谈到与回国时的资料条件相比，在国外图书借阅自由便利，而即便是抗战中，在云南大学也可不限册数，时间宽裕。[2] 何炳棣同样比较、反思，坦言道：“我如果……二战后回国执教，恐怕很难做出现在累积的研究成果。政治和学风固然有影响，更基本的是国内大学图书设备无法与美国第一流汉学图书馆比拟。北京图书馆……善本及一般中文收藏当然最为丰富，但不准学人进库自由翻检……这种措施不但大大减低研究者的便利，并且势必剥夺了研究者不时无意中遇到的新资料和开辟新思路的机会。”[3] 诚哉斯言！此番英雄所见略同的诤言，对于当今试图建立国际一流大学的大大小小的主政者们，有着重要的参考价值。

应该指出，家国情怀是那个时代海外学人无法割断的心结。2004年瞿同祖终于开口谈及：“有时候人提问很不合理，像‘文革’时你

---

[1] 瞿同祖、赵作栋：《为学贵在勤奋与一丝不苟——瞿同祖先生访谈录》，《近代史研究》2007年第4期。

[2] 参见瞿同祖、赵作栋：《为学贵在勤奋与一丝不苟——瞿同祖先生访谈录》，《近代史研究》2007年第4期；王健：《瞿同祖先生谈治学之道》，《法制史研究》第6期，2006年12月。

[3] 何炳棣：《读史阅世六十年》，第393页。

为什么回国来这样的问题，就无法回答。国内发生文化大革命，我怎么知道呢？连刘少奇都不知道要发生文化大革命，我怎么知道呢？而且我不了解国内情况，我回国，事先没有跟国内联系过，因为我一个中国人，回国来还要联系吗？！”[1] 想来这番略带火气的话，先生深藏在胸中多时，郁结于心头多年，一抒胸臆，不吐不快。

1971年何炳棣和杨振宁、王浩、任之恭、陈省身五位著名旅美学者访华，写出《留美中国学者访华观感集》，对“文革”中的中国做出了今天看起来匪夷所思的高度评价，以至于后来何炳棣坦言“愿意把它忘掉”，原因是“它虽有史实与感情，但对国内新气象只看到表面，未能探索新气象底层真正的动机”。[2] 对于这批学者的特殊言行，学人的解读颇为精彩：“他们强烈的民族情感不忍心让他们在西方那样的处境下，再来对自己的祖国提出批评。这种家国情感超越事实判断的历史现象，是中国知识分子对国家统一渴望的极端表现，以事实判断，他们不见得对当时中国的真实生活没有一点自己的独立观察，但对国家统一的强烈感情，让他们的理性失去了对事实的反省。”[3]

---

[1] 参见王健：《瞿同祖先生谈治学之道》，《法制史研究》第6期，2006年12月。

[2] 参见何炳棣：《读史阅世六十年》，第476页。

[3] 谢泳：《西南联大知识分子的时代困惑》，收入谢泳：《西南联大与中国现代知识分子》，福建教育出版社，2009年，第130页。另，汪荣祖提到在上世纪70年代，西方记者来中国后对中国印象非常之好，何先生因为爱国心感受则更加强烈，导致了误判。参见牟尼：《汪荣祖追忆何炳棣》，《法治周末》2012年10月16日。

诚哉斯言！即便阅历丰富的历史学家、思维缜密的物理学家，也不可能在所有问题上都保持情感与理智的平衡，尤其在面对祖国时更是如此。当代学人包括鄙人在内因为历史时空的不同，或许很难完全理解和真正感受那个积贫积弱的年代中，学人内心深处波澜起伏的家国情愫及同样强烈的报国情怀。但，更深刻的问题或许是——借改电影《第一滴血》的经典台词——祖国会像他们爱她那样爱他们吗？

余 思

从燕京大学、西南联合大学、哥伦比亚大学、哈佛大学到英属哥伦比亚大学，瞿同祖与何炳棣这两位近现代杰出学人的学研生涯竟然有如此相似、相交的轨迹，命运之手冥冥中的安排，真是让人感叹！

如果将两人打一比方，那么何炳棣是火，瞿同祖是水。

何炳棣如一团炽热的烈焰，在竞争激烈的西方学界，他可发出“看谁的著作真配藏之名山”[1] 这样豪情万丈的狮子吼，对学术买办和装蒜者，他不假颜色，直面斥责，对学术论辩，他不崇权威，积极应战。这种性格，或许过于刚烈，过于攻击性，甚至不免意气之嫌，但不虚伪、不矫作、不善巧，正是君子坦荡荡的真性情。一直到逝世

[1] 何炳棣：《读史阅世六十年》，第301页。

前，年近期颐的何氏还在进行先秦思想的攻坚，即便妻子过世，在“家无妇，不为家”[1]的感慨之余，仍能写出数十页篇幅的长文，一如既往地参与论战，实在可称为学术斗士。

瞿同祖如一股潺潺的清流，那是荣华阅尽宠辱不惊的淡定，这种“上善若水”的性格帮助他较为安然地度过后来那段困难的岁月，得享高寿。学术作品的生命实际上是与作者的伟大人格紧密联系在一起的，瞿氏的著述如同他的清流人品，没有时髦理论张牙舞爪，没有奇怪词汇来吸引眼球，有的只是资料广博娴熟、理论深化内敛的自然融合。[2]在当今虚荣焦躁的时代，在没有持续作品的情况下，他的人性光辉，他的“桃李不言”仍能给予真正向往学术者以信心和力量。

必须指出，本文的目的绝非是为了孰优孰劣的比较，只是想从学术史的角度，补阙一段关于两位广义上的“法学家”、真学者之间不应被遗忘的传奇故事。一言以蔽之，这团烈焰，这股清流，不是水火不容，而是水火交融。

---

[1] 2010年5月13日下午，何炳棣莅临清华做《国史上的“大事因缘”解谜——从重建秦墨史实入手》讲座时所说。其妻子邵景洛女士，已在几年前去世。

[2] 即便是主张以社会科学观点和方法治史的何炳棣，后来也对不少此类著作不能满足历史学家对坚实史料的要求，以致理论华而不实、易趋空诞，而感到失望与怀疑。（参见何炳棣：《读史阅世六十年》，第477页。）对何炳棣的这一改变，当今治学者值得特别注意与借鉴。管见以为，有效承继古典乾嘉学风，合理融合现代理论方法，可能是法史学的出路之一。

附：
法者还是墨者开启帝国——聆听何炳棣先生清华讲座有感

2010年5月13日下午，何炳棣先生莅临清华，做《国史上的“大事因缘”解谜——从重建秦墨史实入手》讲座。三点半我到达科学馆，得知因人数过多，地点改至西阶。幸一小友帮我占得一座，入座始定，发现有一老者坐轮椅，由年轻人陪同而至，似乎是数学家林家翘先生（后得确认）。林氏所谓“不管搞哪一行，千万不要作第二等的题目”，是何先生心目中清华精神的最佳代表，[1] 至此已感觉到今天除演讲者之外，还会有一些重量级人物到场。与一般讲座不同，主办方很细心地准备了何先生演讲的论文发给大家，面对这份长达43页、渊博严谨的雄文，结合之前讲座通告时详细的内容说明，足可证今天的演讲绝非应景，不由好生感慨。

四点钟，何氏到场，身材伟岸，如关西大汉，声若洪钟，完全符合我阅读《读史阅世六十年》已得之感觉，但走西阶的下行台阶时需要人协助搀扶，提醒我们岁月不饶人，他已经是九十三岁高龄的老人。掌声中，何氏与一干人等寒暄，特别值得注意的场景是其与

---

[1] 何炳棣：《读史阅世六十年》，广西师范大学出版社，2005年，第104页。

九十五岁的林家翘先生的拥抱，清华大学的第九级和第十级，理科与文科两大翘楚，以这样的方式表达着惺惺相惜之情，再续同窗之谊。

讲座首先由杨振宁先生致辞，杨氏称何炳棣先生是“以近代方法研究中国历史的第一人”，我想此处应该是指何先生以社会科学甚至自然科学的方法研究中国历史之故。杨先生同时介绍一典故：两人在台北某次讲座时，何炳棣曾专门提及当年考取第六届庚款留美时分数要比杨振宁高2.5分。引来台下笑声一片。非常有意思的是，何炳棣先生可能因耳背没有听到此段介绍，在结束讲座时，仍再提2.5分一事。[1] 其实两人当年的科目一为西洋史，一为物理学，在每科只录取一人的时代，无疑皆是本专业中全国的最优秀者，这样“在意”的横向比较，也折射出当时打分的严肃严谨和何氏旺盛甚至老而弥坚的好强之心。

讲座开始，何先生首先纠正论文中的打印错误，甚是严谨。他以陈寅恪在冯友兰的《中国哲学史》审查报告中特别提出的“佛教经典言‘佛为一大事因缘出现于世’”为引子，认为其本人心目中国史上的大事，是秦专制集权统一郡县大帝国的建立及其传衍，其间的“大

[1] 笔者曾询问过同听讲座者，皆认为当时说的是2.5分。经匙文字学棣查《国立清华大学第六届录取留美公费生一览表》（1944年8月）（收入《国立西南联合大学史料》三，云南教育出版社，1998年），两人平均分：何为78.50，杨为68.71。当时考试共八科，除党义、国文、英文为共同科目之外，每门要考五个专业科目。（《读史阅世六十年》，第127页）。2.5分说是如何比较，尚有待考。

事因缘”是墨者竭忠尽智协助秦国完成统一大业，而本身却消溶于时代政治洪流之中。

墨家与秦帝国的关系？这与以往认为秦在孝公时期，任用法家的商鞅实施变法，奠定其强盛基础的通说显然不同，马上引发听者的兴趣。何先生通过对墨家矩子的详细考证，在梳理其谱系的同时，认为墨者在城防及军械发明上的专业技能，严格的纪律操守，扶弱抑强、视死如归的高尚道德感，与早年曾被流放为人质，坎坷即位后面临强魏觊觎威胁，力图富国强兵的孝公之父秦献公一拍即合。正是在献公时代，墨者入秦，秦献公除了在军事城防上委之以重职，当时所推行军政合一什伍之制的户籍改革及相应的连坐制度，也与墨家“尚同”的政治理念及相关主张的影响密切相关。

所以，秦献公和墨者的风云际会，才是秦由弱转强的枢纽阶段。但墨者清教徒般的理想甚高，常人难以接受；秦国由防御型转为侵略型国家，与墨者“非攻”的良心信念冲突；墨者的专业技能，也被新型的官僚制度所汲取利用却无法彰显其名。这段特殊因缘，终于以泯然于历史的结局收场，坊间也多是仅知孝公，归功商鞅了。因此，何先生以饱含感情的话语结尾：“墨者原有兼爱非攻无私救世的清补良药，竟被时代巨变无情地化为本身生命的强酸消溶剂——这是国史和人类史上值得讴歌赞叹的永恒悲剧。”

当其说出结论的时候，我突然间觉得，这种譬喻，很可能与何氏当年曾读过化学专业有关，尽管后来由化学转历史，年轻时的专业影响，还是会在关键词上显示一二。

但笔者觉得，墨家立意甚高的“兼相爱”理念，乃与“交相利”的功利主义考量关系甚密，惟其推行，又需依赖于在上者如奇理斯玛般上行下效的典范作用，但推崇“尚同”是否会导致过度的集权化，甚至为以后帝国的专制埋下伏笔？这种纠缠于现实与理想的法政理论，实有待从长而计之。我想，何先生肯定也会考虑到这些问题，只是限于今天讲座的主旨和时间，无法一一地道来。

立足于考据文章之讲座，很难通过风趣幽默的演说方式来进行，难得的是，九十三岁的何氏，以缜密的思维，将其思路清晰地表达出来，这足以消除我原先“是否有必要去看看那只下蛋的母鸡”之顾虑。在场的听众，也以高度的注意力，静静地聆听，看来思想的火花，决不会因为语言的平实而有所逊色，润物细无声而非头脑风暴的影响，或许才是真正持久的受益。

何先生治史，针对“惟有思想史才能画龙点睛”的流行说法，曾非常形象地指出“不画龙身，龙睛何从点起”。[1] 在晚年先秦思想攻坚中，他以考据的方式，对《孙子》《老子》等的年代进行了考察，得出了与众不同的结论。此番关于墨者的研究，同样可见其将考据的

[1] 何炳棣：《读史阅世六十年》，第481页。

方法运用得虎虎生风。在中华文化的基础问题上，正是最基础的史学方法发挥了最重要的作用。尽管何氏的批评主张是针对新儒家，但对今天常见的以理论先行、裁剪资料的法律史学乃至中国法学研究，也不无裨益的启示。思想/理论固然可以让人拥有翱翔的翅膀，但深刻的洞察应该建立在全面、坚实的史/资料基础上，惟有以“我注六经”的态度，真正透析思想–制度–社会–文化之间的关联，才能得出真正有说服力的结论，否则只能在“城头变幻大王旗”的他人理论中亦步亦趋，最多“各领风骚几年”，最佳也就是很快沦为有“学术史上意义”而不再有“学术意义”的作品。从这一点上讲，考据才是真正的王道，只有以其为基础，才能避免野狐禅。

演讲结束时，林家翘先生先离开会场，两人拥抱告别。透过略显混乱的照相机丛林，看着这富有历史意义的瞬间，我突然间意识到：那批1937年前入学，见证了清华校史上的黄金时期，后在国难中辗转西南联大的青年才俊们，很多都已经不在人世了。何先生也说，当年的同学、后来成为其夫人的邵景洛女士，已在几年前去世，“家无妇，不为家”，这怎能不让豪情万丈、一直以斗士形象出现的何氏，感慨万分呢！我并非言必称三代之人，亦非简单的历史进化论者，目睹此情此景，仍然不免有淡淡的惆怅：那个特殊时空下的教育奇迹，今天还能否复制？

2011 08/17 12:14 +1-949-6798898 Professor Ping-ti HO #0612 P.001 /001

011-8610-62786513

清华大学法学院 陈新宇教授 ← Fax

新宇先生足下：　　　　賜覆：美国 1-949-679-8898

去年春夏在北京清华及台湾中研院期间，感到肠胃消化不适。返美後秋冬间多度体检外，不幸猛摔一跤。因我年事已高，内外科多位医生慎重考虑一整月[不进饮食，全凭静脉注射营养]之後，才决定对我施行長达5½小时的大手术。继之以五週之久的特别康复练习生活操作。以致半年内包括去年的所有积压信件完全无法回覆。

大量信件中我最珍视的是您在《中国社会科学报》评论及我一生治史风格与标准的观感。近月屡度对先文温回味，而愈感受之深难以言喻。当"争取世界第一流"口号弥漫举国上下之际，有谁能提出："那个特殊时空下[i.e. 1929-37的清华]的教育奇迹今天还能否复制？"微妙的难题！

我有生之年都会将足下作为我的学术知己！但请原谅，我在网络时代的蠢物，使中文的文章和書稿都要靠史語所的帮忙打字，所以经常对学人的来信不能回覆。

我计划明春在香港及北京做重要的大型演讲，特别是〈老子其人其书晚于孔墨的论定〉。可惜过去一年与北京没有联络，否则演讲能至北京举行更为理想。

承附〈[illegible]〉，至感。

余不一一，敬颂

暑祺

何炳棣敬上

2011年8月17日

62786513

何炳棣先生给笔者的信

法治的恪守者

——燕树棠先生的生平与思想

2009年，对于清华法学来说，是一个特别的时刻：1929年法学院建立，标志着清华法政教育之全面展开。可当光阴如白驹过隙，我们却发现，在80年后的今天，那个时代的法政人，对当代人而言，多数已成陌路。寻找这些历史的“失踪者”，再现那个时代清华法政人之经历和问题，将是了解当时清华法学乃至近代法学和法治的途径之一。客观之评价，理性之总结，需要建立在坚实史料的基础上。有感于此，笔者将以传记法学之形式，回顾近代典范性的法学家、法律教育家，与清华渊源颇深的燕树棠先生之生平典故，并围绕其对法治和法律教育的认识展开讨论，最后予以小结。

一

燕树棠，字召亭，河北定县人，1891年出生于一个书香门第的家庭，其父燕友三是前清举人，毕业于京师大学堂，后负笈东瀛入早稻田大学学习教育，回国后担任过河北大兴师范和顺德师范的校长。[1] 1914年，燕树棠先生毕业于北洋大学法科，1916年通过清华专科考试赴美。在清华建校初期，资金较为充裕而合格学生较少，为增加学生赴美学习，除留美预备部放洋学生之外，另有专科生、幼年生、津贴生和补助教部官费生。[2] 依据1919年《清华一览》所载《专科学生留美试验规则》，对报考对象的要求是：属本国籍，年龄在二十六岁以内，曾在国内外法、矿、电机、机械、土木工程、纺织、农林各专门学校毕业，能直接进美国大学院Post-Graduate Course各专科研究高深学问者。[3] 其人数，每年多者不过十人，实属精英之选拔，与燕氏同期者，就有后来成为桥梁专家的茅以升先生。[4] 燕氏先后在哈佛、哥伦比亚、耶鲁大学学习，于1917年获得哥伦比亚大学法学硕士学位（L.L.M.），1920年获得耶鲁大学法理学博士学位（J.S.D.）[5]。

[1] 参见戴克中：《法学泰斗》，收入燕树棠：《公道、自由与法》，清华大学出版社，2006年，第528页。

[2] 参见曹云祥：《清华学校之过去现在及将来》，《清华周刊》（清华十五年纪念增刊），1926年3月，载《清华大学史料选编》第一卷，清华大学出版社，1991年，第42页。

[3] 《清华大学史料选编》第一卷，第224-225页。

[4] 《1911年清华学堂至1929年留美预备部时期各类学生名录》，载《清华大学史料选编》第四卷，清华大学出版社，1994年，第639页。

[5] 《清华同学录》，国立清华大学校长办公室1937年4月印行。惟《清华同学录》对燕氏耶鲁学位的记载是1919年的J.D，根据笔者掌握的信息（由王志强教授向耶鲁查询），应为1920年的J.S.D.，此处依后者。于此向王教授谨表谢忱。

法律系教授燕树棠先生

燕树棠先生晚年照

归国后，燕氏于法学杏坛，贡献斐然。其曾担任北京大学法律学系教授暨系主任，武汉大学法律学系教授暨第一任系主任（曾三入武大，皆任系主任），清华大学法律学系、政治学系教授暨法律学系第一任系主任，西南联合大学法律学系教授暨系主任、系教授会主席。讲授国际私法、国际公法、宪法、法理学、民法概论、民法总则等课程。[1] 沙滩红楼、洛珈山下、水木清华，见证了他著述育人之匆匆身影。

“以学术为业”，在民初社会，对于富于实学色彩的法学而言，是需要奉献精神的。当时大学法科优秀专任教员匮乏，蔡元培先生在1917年就任北大校长的演讲中，就曾提到“我国精于政法者，多入政界，专任教授者甚少，故聘请教员，不得不聘请兼职之人，亦属不得已之举”。故燕氏的加盟，对于北大正是雪中送炭。对于武大，作为法律学系首任系主任，乃其法律教育的创始人之一。就清华而言，1929年成立的法学院，依当时《大学组织法》应设法律、政治、经济三系，惟因经费问题兼校长罗家伦的教育理念，法律学系暂缓设立，法律课程由政治学系开设。后在梅贻琦主政时期，于1932年起筹建法律学系，并获教育部备案，燕先生被延聘为首任系主任。但形势比人

[1] 李贵连等编：《百年法学——北京大学法学院院史（1904—2004）》，北京大学出版社，2004年，第86、120、122-123、170页；《国立西南联合大学校史》，北京大学出版社，2006年，第231-233页；《清华大学史料选编》第二卷，清华大学出版社，1991年，第603页。

强，同年因庚款停付引发的经费问题旋踵而至，加之当时政府“限制文法、发展理工”的教育政策等特殊的时代因素，法律学系被要求停止招生，尽管梅贻琦多番努力，燕树棠与冯友兰更到南京斡旋疏通，辛苦备尝，惟言者谆谆，听者藐藐，终是无可奈何，法律学系于1934年被裁撤，燕先生转入政治学系任教。1931年8月至1936年7月，是燕先生执掌清华教鞭之时光，其间筹备斡旋、杏坛耕耘之付出，实不容抹杀。[1] 随后在西南联大，国难之时，筚路蓝缕、步履维艰中之坚守，更是其伟大人格之体现。

传道授业之余，燕氏亦积极入世，曾兼任中央法制局编审、宪政实施协进会会员、监察院监察委员、第一届司法院大法官、联合国教育科学文化组织中国委员会第一届委员、中华民国法学会编辑委员会委员等诸多职务。他曾负责起草了《中华民国民法》亲属编草案，[2] 参与《中华民国宪法》草案之修改、讨论，[3] 在《现代评论》《太平洋》《东方杂志》等影响甚广的杂志上发表大量评论。燕氏虽为孙中

[1] 关于这段历史的详细介绍，可参见陈新宇：《近代清华法政教育研究（1909—1937）》，《政法论坛》2009年第4期。

[2] 谢振民：《中华民国立法史》，中国政法大学出版社，2000年，第749页。

[3] 参见荆知仁：《中国立宪史》，台北联经出版公司，1989年，第433-436页；燕树棠：《中华民国宪法草案的初稿》，收入燕树棠：《公道、自由与法》，第306-316页。

山“特批”的国民党员，[1] 在政治立场上，却趋于中立，更多秉承的是传统知识分子之道德勇气，铁肩道义，辣手文章，建言建策，针砭时政。1926年“三·一八”惨案发生后，燕氏曾有状告段祺瑞之举；1945年抗战结束后的“反内战”运动中，其是《国立西南联合大学全体教授为11月25日地方军政当局侵害集会自由事件抗议书》的八名起草委员之一；在“一二·一”惨案发生后，其为联大法律委员会委员之一，对包括云南省前警备司令关麟征、第五军军长邱清泉在内的涉案人员提起诉讼。[2]珞珈山下，亦有周恩来“燕先生的话比国民党的飞机大炮还厉害”之传闻。[3]

1949年，燕先生拒绝了南京政府送来的机票，选择留在大陆，他告诉家人：“我一辈子爱国，共产党不会杀我，我不愿意躲在外国军舰上当‘白俄’，改朝换代总还是要用人的。”[4] 解放伊始，他曾被武大军管会解聘，经韩德培等教授做工作，旋又复聘，[5] 经历该短暂风波后，他人生的最后阶段乃在武汉大学法律系编译室、武汉大学图

[1] 据说当时入国民党需按手印，燕氏认为只有犯人才按手印，不愿履此手续，孙中山为其特别变通。参见燕今伟：《一个悄然走过的老人》，收入燕树棠：《公道、自由与法》，第4-5页。

[2] 李贵连等编：《百年法学——北京大学法学院院史（1904—2004）》，第112、178-183页。

[3] 戴克中：《法学泰斗》，收入燕树棠：《公道、自由与法》，第530页。

[4] 燕今伟：《一个悄然走过的老人》，收入燕树棠：《公道、自由与法》，第5页。

[5] 戴克中：《法学泰斗》，收入燕树棠：《公道、自由与法》，第531页。

书馆工作，并兼任湖北省政协委员、湖北省政协政治学习小组副组长、中国对外文化协会武汉分会理事、中国政法学会理事会理事等职，[1] 其间历经“运动”，风雨如晦，残灯如豆，仍以顽强之生命力，守得平反之日。1984年2月20日，贤者其萎，享年九十有三。

燕氏笔耕不辍，著有论文、时评与书评多篇，所论既有对西学理论之引介梳理，又有对中国问题之研究阐发，内容涉及法理、宪法、国际法、民法、刑法、司法制度与法律教育诸多领域，并以法理学、国际法居多。其著述经笔者整理编辑，以《公道、自由与法》之名，收入许章润氏主编之《汉语法学文丛》，于2006年在清华大学出版社刊行。

二

晚清以降，以撤废领事裁判权为契机的法律改革渐次展开，近代法治伴随立宪在中国生根发芽。惟农业社会向工商社会的转型、传统文化与近代思潮的扞格，理想与现实之间不免有了差距，生了裂痕，秉承法律救国理念的近代法律人群体，也有着不同的选择。典型有如董康，这位清末“礼法之争”时法理派的旗手，民国时代却“觉曩日

---

[1] 此处诸项社会职务由燕树棠先生之子燕今伟先生告之，谨表谢忱。

之主张，无非自抉藩篱，自溃堤防，颇忏悔之无地也”，“前之所谓新者，视同土饭尘羹，所谓旧者，等于金科至律”。[1] 彻底地主张回归传统，恢复旧制。有如杨荫航，这位当年《译书汇编》的创办者，在担任京师高等检察厅检察长时，将涉嫌贪污的交通总长许世英传讯拘押，虽然上级的电话一夜未停，仍坚持司法之独立，不准保释，反遭停职审查，心灰意冷，愤而辞职。[2] 有如吴经熊，这位二十世纪中国的伟大法学家，少年成名，历经法曹、执业律师等职，一路光明，一帆风顺，步入中年，却是“法律不足以慰藉心灵”，转而皈依宗教。[3]

与上述几位不同，燕氏以比较客观的态度来看此问题，在他看来：

> 民国的根基在民治。民治制度，若无法治，是根本上不能存在的。中华民国自成立以来，关于中央与地方政府的组织，关于人民与国家及官吏的关系，关于人民与人民彼此间的关系，都制定了许多法规、条例和章程。就是这几年的国内纷争，这派“毁

[1] 董康：《前清司法制度》，《法学杂志》1935年第8卷第4期。

[2] 杨绛：《回忆我的父亲》，收入《杨绛作品集》（2），中国社会科学出版社，1993年，第59-73页。

[3] 详见许章润：《当法律不足以慰藉心灵时——从吴经熊的信仰皈依论及法律、法学的品格》，《月旦民商法杂志》2004年第3期。

> 法”，那派“护法”，这派“革命”，那派“制宪”，这派主张地方分治，要制定省宪，那派主张中央集权，力谋统一。虽个人团体的意见不同，私利冲突，然若平心静气地观察，其中皆含有尊崇法治的意味……这几年与法治相反的纷争，我们只认可过渡的状态，是社会进程的变态。但是这种纷乱情况之下，若是我们努力法治，这过渡期间可以缩短；若是我们不努力，这过渡期间必至延长。[1]

唐德刚先生曾以“历史三峡”来比喻中国长时间社会-文化转型的颠簸曲折，[2] 民国以降的法治状况，不妨可以看成这一比喻在法律维度上之注脚。其有武人干政，宪法如同一纸之一面，但也有宋教仁案发生，上海地方检察厅厅长传票国务总理赵秉钧之举，平允而论，正反两面一直交汇于近代法治之中。光阴荏苒，时至当代，海峡那边结束“动员戡乱”，大陆这方提出“依法治国”，法治再次成为政治生活之主题，回头来再反省燕氏当年之言论，不得不让人感叹其远见和洞察力。

需要特别注意的是，燕氏的法治观，并非固执于“法治”与“人治”简单化的对立冲突，他持平允之论，通过反省历史与现状，深刻

---

[1] 燕树棠：《青年与法律》，收入燕树棠：《公道、自由与法》，第150-151页。

[2] 唐德刚：《晚清七十年》，岳麓书社，1999年，第7页。

地指出：

> 清末民初之间，中国国势不振，渐渐丧失从前重人重德之自信力，而以为泰西各国盛强，多赖法律，于是渐次崇尚法律，而轻视“人”的问题，迷信人事之一切可以取决于制度。[1]

又云：

> 近年来我国对于司法之建议及改革，多制度之形式，而忽略司法之精神，以致法官创建之精神和人格之修养，反不及旧制时代之提倡与努力。这种状态造成之主因，是由于我们迷信了西洋思想上对于司法之沿习的错解。我们采用西洋法制，反而以误传误，变本加厉。[2]

因此，燕氏是要摒弃简单的“法（制度）决定论”之成见，在坚持法治之前提下重新提倡“人”的重要性——“认真地对待人”。他认为：“在法律秩序之中，绝对的人治——绝对依个人之意思支配他人之行为，是事实上和逻辑上的不可能；绝对的法治——绝对依法律

[1] 燕树棠：《法治与人治》，收入燕树棠：《公道、自由与法》，第93页。

[2] 燕树棠：《法官之自由与责任》，收入燕树棠：《公道、自由与法》，第169页。

规则支配个人一切之行为，也是事实上和逻辑上的不可能”，“凡主张绝对人治主义或绝对法治主义都是思想家好为一贯之论之偏见”，“现代社会不容法外之人治，重要问题是在如何在法律上及立法政策上分配人治与法治之领域……即裁量与规则适用之限度”[1]。这样精彩的论断，即便在今天看来，也不乏启发意义。

传统中国其实一直存续“治人”与“治法”之论辩，“人”之重要性，典型如荀子从立法、执法与规则有限，人事无穷诸视角已有相当精辟之见解。帝制时代至明末清初，更有黄宗羲就“非法之法”的合法性问题提出质疑，随着帝制覆灭，民国肇建，黄氏的问题已得回应，其后虽有复辟余波，已属回光返照，法治（宪政）已成为政治共识，近代的法律体系经由大规模的立法移植已经确立，如何结合中国实际真正实现法治，使其深入人心，成为时代之迫切主题。燕氏关心的是具体法治的问题，他结合东西方理论和经验，反对法律机械主义之论，其赞同德国Gmelin所谓“法官执行职务，不只宜以其头，并宜以其心”，认为“法官不但要有知识，并要有好心术。其说与中国旧有之人格修养之说正合。亦可见为人应世之情义，并无古今中外之别”[2]。更举实例，认为裁量之权限、欧陆民法中的“条理”、英美法的“平衡”与大判官之“良心”、欧陆法官所谓的法规合理之适

[1] 燕树棠：《法治与人治》，收入燕树棠：《公道、自由与法》，第104页。
[2] 燕树棠：《法官之自由与责任》，收入燕树棠：《公道、自由与法》，第 173页。

用，正是“无法之执法”的显著例子。[1]

系统的法学训练，使燕氏对西方法学的历史有全面之了解，对其最新动态有敏感之把握，比如《论法律之概念》《法律与道德的关系》《法律之制裁》诸文，我们可以窥得他如庖丁解牛、举重若轻地勾勒西方法学诸流派的发展演变；《英美分析学派对于法学之最新贡献》及多篇书评，我们可以看到如Hohfeld的*Fundenmental Legal Conceptions*, Kocourek的*Jural Relations*, Goodhart的*Essays in Jurisprudence & The Common Law*, Pound 的*Interpretation of Legal History*, Munroe Smith的*The Development of European Law*, Frank的*Law and the Modern Mind* 等当时成名大家或年轻新锐的最新力著甫一面世，即被引介到中国来。同时，既有的中学功底，又使其对传统文化有深刻的理解同情。在会通中西的基础上，他可以用平和而非偏执的心态去看待中国的问题，对中国法治的看法，即是鲜明例证。

三

“有其法者尤贵有其人”，法律人是沟通规范与社会事实之媒介，法治之理念，乃由他们的身体力行落诸于实处，故法律人之

[1] 燕树棠：《法治与人治》，收入燕树棠：《公道、自由与法》，第 95页。

素质，实乃一国法治成败之关键。在传统社会中，法律（律学）知识并非主流精英之学识，法律职业或只是士人暂时谋生之道（如幕友）、或社会地位不高（如胥吏），甚至是国家打击取缔之对象（如讼师）。近代以降，伴随法律移植的进行，法律教育迅速发展，惟转型之际，法科又往往容易成为如蔡元培先生所批判的“干禄之终南捷径”，其间不免鱼龙混杂、泥沙俱下，甚至危害到民众对法律的信心，正如燕氏所指出：

> 民国成立以后，十余年间，学习法政的人们充满了国家的各机关，在朝在野的政客，以及乡间无业的高等流氓，也以学习法政之人为最多。多年来官场之贪污、政治之勾结，许多造乱之源，当归咎于“文法”，而且秩序日就纷乱也直接可以证明法律之无用和无力。一般人从前对于法律事业之奢望，渐变而成为失望了。[1]

但对于燕氏而言，这种现象，乃“被环境恶化，不是由于法律事业的不良。法律事业性质是高尚的，是为人的，为公的，不是为私为己的……我们只宜从抵抗环境方面想办法，不能归咎法律事业的本

[1] 燕树棠：《法律教育之目的》，收入燕树棠：《公道、自由与法》，第294-295页。

体”[1]。在长期的法律教育中，燕先生形成了系统的理念，他所追求的理想的法律教育，不仅仅是专门知识的传授，更要有“法律头脑”之养成。所谓“法律头脑”，包括四个方面的内容：

第一，须要有社会的常识……法律问题都是人事问题，都是人干的事体问题……假设我们依据对社会的经验和视察而研究法律，我们了解法律的程度一定增进不少……第二，须要有剖辨的能力……从事法律职务的人评判和处决事情的机会更多，虽有法律可以依据，若是缺乏相当程度之剖辨能力，就不能找到问题之肯綮，就不能为适当之处置。对于人事之剖析犹如对于物体之分析……其内情虽复杂，若剖辨起来，也不难知道人与人彼此关系之构成要素。分析是科学方法，是科学精神，学习法律的人若是得不到剖辨的能力，若是不注意培养自己剖辨的习惯和精神，那就是等于没有受过法律的训练。第三，须要有远大的思想……法律所支配所干涉的事体都是人与人之间常发生争端的事体，从事法律职业的人，直接处理那些争端，常常与坏事接触，常常与坏人接触，往往于不知不觉之中，熏陶渐染，淹没于坏人坏事之中，以致堕落而不能自拔者，所在皆是……辨理俗事的任务而有

[1] 燕树棠：《青年与法律》，收入燕树棠：《公道、自由与法》，第153页。

> 超俗的思想，此乃法律教育不可少之要件。第四，须要有历史的眼光。法律问题是社会问题之一种……不明社会的过去，无以明了社会的现在，更无以推测社会的将来。学习法律必须取得相当程度的历史知识，才能了解法律问题在社会问题中所占之位置，才能对于其所要解决的问题为适当之解决。[1]

在燕先生看来，“法律头脑”的意义乃“在学习法规之外必须得到一种法学的精神”，只有如此，“机械的法律知识才有个生机，有了动力，才可以说是死知识变为活知识，死法律变为活法律”，具备这类素质的人，才可以说是“用之不竭的法律人才”。因此，其主张在法律教育中，“社会科学的功课，如政治学、经济学、社会学、政治思想史、经济思想史，以及伦理、心理、逻辑、哲学各项科目，应该与法律并重，作为必修的科目，以便使学生对于整个社会、全部的人生问题，得到相当的认识”[2]。

这篇《法律教育之目的》，刊行于1934年1月东吴大学《法学杂志》的“法律教育专号”，当时“限制文法、发展理工”的教育政策已经出台，清华法律学系之筹建已处于无可挽回之局势，近代中国的法律教育正处在一个特殊的十字路口。燕氏试图纠正当局仅仅将法律

[1] 燕树棠：《法律教育之目的》，收入燕树棠：《公道、自由与法》，第296页。
[2] 燕树棠：《法律教育之目的》，收入燕树棠：《公道、自由与法》，第297页。

教育当作专门知识之训练，局限于规范注释，应付各项考试的狭隘认识，力图培养出可以适应急剧变化社会的法律人才。

这种努力，要求学生不仅需掌握精深之专业知识，亦要兼备博赅之通识，拥有高尚之情操，培养学力、修身养性，“两手都要抓，两手都要硬”；这种努力，如老广煲汤，以文火加以时间，最后水到渠成；这种努力，在于治本，是解决具体法治之关键，乃妙手仁心之体现——借用吴经熊先生的话讲，就是“再妙不过”[1]。这种法律教育理念，与近代清华的通才教育颇有共通之处，可惜法律学系生不逢时，燕氏固无法施展其抱负，清华的法律教育，也失去了发展之契机而成历史一憾。时至当代，法律教育也面临着泡沫发展，追求实务教育而忽视伦理、素质修养等与近代时期相似之诸多问题，燕氏之言论，对于当代法律教育之定位和改革，有相当之裨益。

简短的结语

“法律不是长久不变更的，惟其变更，才有改良。但是在法律未变更之前，必须遵守，必须服从。这一点是法治的真髓，法治的精

[1] 吴经熊：《法律教育与法律头脑》，许章润主编：《清华法学》第4辑，清华大学出版社，2004年。

神。从事法律的人，至少必须修养这点精神，这点习惯。”[1] 惟法是据，服膺法治，已经融入燕先生的血液和灵魂深处。他以法为剑，去维护国家权益，保障人权；他积极地论证法律职业高尚性，努力培养人格高尚与专业精熟两者兼备的法律人才，以解决法治中不可匮乏的人之问题。在他身上，有着法学家的严谨、冷静、保守之气质，又有着传统知识分子洁身自好、爱国忧国之风骨。今天，限于资料，我们很难完全把握燕氏在后来那个特殊时代中的心理，或许，《麦田里的守望者》中的一句话可以概括，那就是：“一个成熟男子的标志是他愿意为某种事业卑贱地活着。”

[1] 燕树棠：《青年与法律》，收入燕树棠：《公道、自由与法》，第154页。

哲人已逝，典范永存

——缅怀徐道隣先生兼评《中国法制史论集》

1980年，普林斯顿大学出版社曾出版了一本《中国法律传统论文集》（*Essays on China's Legal Tradition*），扉页上赫然写着："谨以此书纪念徐道隣（1906—1973）——一位杰出的中国法律史学者，他以三种语言写作，促进了我们对一个伟大传统的理解。"该书为哈佛大学东亚法律研究系列作品之一，乃当时海外汉学对中国法律传统研究成果的集中体现，但不知是何缘故，在中国大陆的反应寥寥，[1] 书中推崇的徐道隣先生，也似乎在以往研究中，渐行渐远，乃至鲜为人提，不免让人产生其乃"他乡遇故知"之感。好在近年来，海内外同

[1] 例外的情况如该文集中R. Randle Edwards的*Ch'ing Legal Jurisdiction over Foreigners*，其中译本收入高道蕴、高鸿钧、贺卫方编：《美国学者论中国法律传统》，中国政法大学出版社，1994年；苏亦工先生对其中Fu-mei Chang Chen的 *The Influence of Shen Chih-ch'i's Chi-Chu Commentary Upon Ch'ing Judicial Decision*有所介绍，见氏著：《明清的律典与条例》，中国政法大学出版社，2000年，第61-62页。但汉语世界关于该书的整体介绍仍付阙如。

徐道隣先生像

好已逐渐认识到先生之价值，这位法学史上“失踪者”的形象日趋丰满。[1] 笔者翻阅文集，发现导言之前，以《论语》“温故而知新”（Review the past to understand the present）为题记，似可推测为编纂者之基调，感叹之余，亦有所感，故在先生诞辰一百周年之际，撰此小文，缅怀先哲。拙文分三部分，一是介绍先生的生平志业，二是评介先生的《中国法制史论集》，三是简短的余论。

一

先生一生，富有传奇色彩。

徐氏乃民国名将徐树铮之三公子，光绪三十二年（1906年）出生于日本东京，原名审交，道邻本是其字，取《孟子》“交邻国有道乎”之意。后来他发现道邻乃史可法的号，拼成外国音时，亦比较好读，就以之为名。[2] 先生襁褓之时，曾失足坠地伤足，因乳媪匿而不

---

[1] 陈新民：《惊鸿一瞥的宪法学彗星——谈徐道邻的宪法学理论》，收入氏著：《公法学札记》，中国政法大学出版社，2001年；陈郁如：《宋代法制史的研究先驱——徐道邻先生》，收入《十月法史节——民国法制历史与人物论文集》，台北，2004年；余钊飞：《为往圣继绝学——评徐道邻〈唐律通论〉》，载中南财经政法大学法律史研究所编：《中西法律传统》第五卷，中国政法大学出版社，2006年。【日】松本德仁（Matsudaira Norihito）：《徐道邻对于卡尔·施密特的批判性接纳》，第六届东亚法哲学研讨会论文，台北，2006年。

[2] 徐道邻编述、徐樱增补：《徐树铮先生文集年谱合刊》，台湾商务印书馆，1989年，第198页。

告，数年后遂成痼疾，终生不良于行。[1] 其自幼受私塾教育，奠定了扎实的国学基础。后于民国十三年（1924年）随父赴欧美考察，并留德读书。民国十四年（1925年）徐树铮先生回国后，被冯玉祥指使部下张之江谋害于廊坊。先生回国奔丧后返德国继续学业，并于1931年以《宪法的变迁》获得柏林大学法学博士学位，业师乃德国著名学者西门（Rudolf Smend）教授。黄莺初啼，即得德国大出版公司青睐，并于次年刊行问世，而同时代获得博士学位的青年才俊——以后乃德国公法学巨擘如胡柏（E. R. Huber）、德·曼兹（T.Maunz）等——却无此殊荣。难怪当代公法学者观其文后，亦赞叹："不仅德文措辞精确、晓畅，尤其是氏所援引的文献是特别严谨、广博，实是无法令人相信是出自一位当年仅25岁的'非德国人'——中国之法学者之手。"[2]

未及而立之年，已是旧学新学融于一身。若继续潜心问学，假以时日，俨然一代宗师的气象。但此时的徐氏，却有鲜为人知的另一番

---

[1] 程沧波：《徐道隣先生行述》，收入徐道隣：《中国法制史论集》，志文出版社，1975年，第432页。

[2] 陈新民：《惊鸿一瞥的宪法学彗星——谈徐道隣的宪法学理论》，第178-216页。蒋复璁先生回忆当年的留学生涯，亦讲道："余于十九年赴德留学，识道隣于柏林，以九一八后留德同学会组织抗日委员会，余与姚从吾、道隣皆参加工作，宣传日本阴谋，引起德人注意，将日相田中奏折翻译德文，即由道隣任之，因道隣德文之佳为当时同学之冠也。" 蒋复璁：《重刊徐树铮先生文集年谱合刊序》，收入徐道隣编述、徐樱增补：《徐树铮先生文集年谱合刊》，第1页。

心路历程：

> 凡是读中国书，听中国戏，看中国小说的人，对于他，没有一件比替父亲伸冤报仇更重要的。但是我那时知道，对于我，这却不是一件简单的事情。冯是一个手握重兵的大军阀。我是一个赤手空拳的孩子，怎么能谈报仇？想要报仇，必须努力向上，在社会上有了一点地位，然后才能作此想。因此我下定了决心：先拿报仇的精神去读书。等书读好了，再拿读书的精神去作事；等作事有点成就，再拿作事的精神去报仇！[1]

或许正是这样的发愿，才能使他动心忍性，但亦是这样的发愿，使他很快脱离书斋，更多地投入并不擅长的领域之中。归国之后，他先任职于国防设计委员会，后又担任过行政院政务处处长、中国驻意大利代办、考试院铨叙部司长、行政院政务处处长等职。[2] 抗战胜利后，徐氏辞去公职，投状于重庆地方法院、军事委员会，控告冯玉祥、张之江杀人罪。该案因告诉时效问题而不了了之，但徐氏所表现

[1] 徐道邻：《二十年后的申冤》，收入徐道邻编述、徐樱增补：《徐树铮先生文集年谱合刊》，第379页。

[2] 程沧波：《徐道邻先生行述》，第432页。

出来之孝道伦理，让人感慨，其之公私分明，更让人感佩！[1]

此后虽有偶涉宦海（任台湾省政府、江苏省政府秘书长），但先生之重心已回归学术，先出任上海同济大学法学院院长，赴台后任教于台湾大学、东海大学，又远渡重洋，任教于西雅图华盛顿大学、哥伦比亚大学、密歇根州立大学等校。惟先生自留学归国后，虽有如《敌乎？友乎？》这样重要的政论文章（一说是出自陈布雷，以徐道邻之名刊行），但总体而言，似乎淡出原来专攻的公法领域，其后人与朋友在介绍其专长时，亦不曾提及此项，难怪当代学人有“惊鸿一瞥的宪法学彗星”之叹。先生后期的研究重心主要在中国法律史学，兼将西方的学科如行为心理学、语意学等引介给青年学子。[2]

1973年圣诞前夕，先生因心脏病发作，逝世于西雅图家中，享年六十有八。

---

[1] 参见端木恺序，收入徐道邻：《中国法制史论集》，第3-4页。徐氏本人谈道：“七七事起，抗战八年，我已在中央服务。这时我很担心这件官司，因为我们在前方的部队，很多是冯的旧部。我不敢以告冯而引起了若干将领对中央的误会。”而其起诉之前，所以辞去公职，也是为了避免引起误会。徐道邻：《二十年后的申冤》，第379-380页。其之行事，亦颇为低调，旧交蒋复璁先生住所与之相近，却也是见报才知此事。相询之下，徐氏回答：“我衔哀忍俟者二十年矣，父仇不报，非夫也。如与人商，则事不能办矣。我学法律，故依法办理。如再不告，则追诉之年限已满，无法告诉矣，成败在所不计也。” 蒋复璁：《重刊徐树铮先生文集年谱合刊》序，第1页。

[2] 参见程沧波：《徐道邻先生行述》、徐叶妙暎：《痛定思痛忆道邻》、张吴燕英女士编：《徐道邻先生著述目录》（皆收入《中国法制史论集》）；徐小虎：《徐树铮先生文集年谱合刊》序三。

二

《中国法制史论集》乃先生驾鹤西归后，经徐夫人叶妙暎女士委托，由王靖献（杨牧）博士编辑而成。以先生散逸于各期刊的法史学论文为主，兼选择其代表性的时评、书评、散文、诗词，分为附录一、二，并附有张吴燕英女士编写的《徐道隣先生著述目录》。另有徐复观、端木恺先生的序文二种、程沧波先生的《徐道隣先生行述》一种、叶妙暎女士的《痛定思痛忆道隣》一种，从各自经历、视角，追忆先生。徐氏一生道德文章，经由此书，可见一斑。

以《论集》为中心，兼参考《著述目录》，分析徐先生于法史学上之研究旨趣与方法，可得出如下判断：

（一）以唐、宋法律史为专攻，重心由唐入宋

《论集》正文共有文章二十篇，涉及唐、宋两朝有十五篇。

关于唐律的研究，徐先生乃有《唐律通论》[1] 之大作，而在《论集》开篇伊始的《中国法律制度》一文中，先生即指出：

> 我们要研究中国固有的法律制度，两三千年的历史，从何处说起？但是这里我们有一个简便的方法。就是就唐朝的法律制度

[1] 关于此书的评介，详见余钊飞：《为往圣继绝学——评徐道隣〈唐律通论〉》。

加以研究。我们有两个理由要这样做：一、唐律是最能代表我们中国法律制度的；二、唐律是过去许多朝代中最好的法律制度。

徐先生于此处，乃将唐朝法制作为传统法制之典范。以唐为研究重心之一并推崇有加，几乎是薛允升、沈家本以降法史学者的不二之选。君不见，前者撰有《唐明律合编》，后者爬罗剔抉、重校刊刻《唐律疏议》。后来者有如董康氏写《科学的唐律》，有如戴炎辉先生撰《唐律通论》《唐律分论》，试图以近代法学之方法，重新对唐律加以诠释。当然，从法学之视角，唐律自然有其称道之处，而从另一方面讲，唐代的盛世风景，对于近代以来这一特殊时空中的中国士人，无疑有极大的感召力，唐之典章制度，自然也为之所重视。徐先生对唐律之研究，这种“为故国招魂”般的情感之寄托，亦不可忽略不计。[1] 在唐律律疏制定年代上，他特别提到：

我们现在所读的唐律疏，是永徽四年（公元六五三年）完成的。日本几个学者，发现书中有许多名称字眼，都是则天后及玄宗时的制度，因此他们说，我们现在所有的实在是开元（七一三）律，而不是永徽律。开元和永徽，相差不过五十年，

[1] 此处笔者乃受王进文学棣之启发。

而日本学者，如此斤斤着重的，因为如果是永徽律，那么他们的近江律（六八八）、大宝律（七〇一）都是晚辈，如果是开元律，近江大宝，它们不是叔叔辈，至少是哥哥辈了。本人对此曾经有过考证，因为律疏中有永徽年的进疏表，唐代史籍中很少提到开元修律一事，而其他所有修改法律的事实，虽微小的条文字句，史籍中有不少记载。断定现有的律疏，文字上曾经过开元间的一种窜改（Interpolation）（罗马法中常有的现象）而不是一种修订（Revision）。本人曾写过一篇《开元律考》（登在新法学杂志第三期），本人认为这个问题应当算是已经解决了的。[1]

可见，这场与日本学者的论辩，虽源自考据，但冷静的学术思考背后，亦能见徐氏的某种“意愿”。[2] 可见学术研究虽提倡所谓的“价值无涉”，但研究动机，却不可能无主观之色彩。惟如何在研究过程中避免“六经注我”式的裁减、臆断史料，则是学者必须审慎和内省的。我们更要注意到，徐氏的论断，乃建立在扎实史料之基础上，包括其后期转向对宋代法制的推介，改变法史学崇唐之传统，亦

---

[1] 《唐律中的中国法律思想和制度》，收入徐道隣：《中国法制史论集》，第56-57页。不过遗憾的是，《开元律考》这篇重要的考据性文章并没有收入《论集》之中。

[2] 徐氏在肯定日本学者是唐律功臣之余，仍要强调“可是中国到底是唐律的家乡，抗战那一年，商务印书馆印行四部丛刊续编，居然找到了一部真真确确的宋版的唐律疏议”。《唐律中的中国法律思想和制度》，收入徐道隣：《中国法制史论集》，第57页。

是持之有据（详见下文分析），恰是真史家本色。

就唐律之特质，先生分析为礼教中心思想、社会本位的性质、官吏法的严格要求、法官断狱负有责任等。[1] 与一般泛泛而论不同，先生更注意于细节之处辨析，比如就礼教和法律的关系，先生特别提到谈论法家理论的学者常犯之错误，即把一个法家之意见当作一切法家的意见。的确，惟有现代学科划分之引入，才会产生诸如“儒家法律思想”与“法家法律思想”之类的命题。其研究是否能如朱子所谓“旧学商量加邃密，新知培养转深沉”之效果，而非画虎不成反类犬，需要考验论者的学养。有语意学功底的徐先生于此处清醒之意识，显然高人一等。就唐律所代表的法律思想，先生认为“是两汉以后成为传统的儒家的法律思想”，虽在论证其内涵过程中，先生也引用孔孟之言，惟笔者觉得，先生已在有意无意之间试图对儒家做出某种划分，其用“礼教中心思想”而非“儒家的法律思想”概括唐律之特质，更加精确。自瞿同祖先生提出“法律儒家化”之命题，后来者如何“接着说”，儒家代际之划分及其诸子法律观上不同类型意见之辨析，可能会是比较有意义的尝试。道隣先生行文措辞上之严谨，的确不乏启迪之意义。

法学家之本色，亦使先生就唐律的分析，更具专业之内涵。就礼

[1] 《唐律中的中国法律思想和制度》，收入徐道隣：《中国法制史论集》。

教观对法制之影响，先生强调“法律条文的引用及解释，可以不受严格形式主义的拘束”，其注意到了“不应得为”“轻重相举”“比附”这样与法律适用紧密相关之条款，认为“有这样内容空泛的条文，和这样弹性的解释和引用的方法，再加上有特别案情，可以随时‘上议请裁’‘廷讯’‘御审’等等，法律学家自然不会发觉‘法律空隙’（Rechtsuecken）的问题，社会上更不会觉得司法制度有什么不敷应用的地方了”[1]。对法律空隙之注意，先生受德国法学之影响，可见一斑。虽就上述规范之分析，徐氏仅浅尝辄止，法条间之联系，仍有待深入探讨，但以此视角分析唐律，先生属先驱者，当值肯定。其之论述，更不乏反思意义：首先，近年来法史学研究强调实践中的法律，虽可弥补以往纯由法条出发，混淆规范与事实之弊端，惟法成具文，本是任何时空法制之共相（当然，程度有所不同），如果仅偏执于所谓实然而无视规范之分析，忽略律典内部之逻辑，法学安身立命，将赖以何？[2] 其次，中国法律近代化之合理化依据之一，乃传统法律与近代社会不相适应，惟传统法制于立法与司法中的诸多技术与

[1]《中国法律制度》，收入徐道邻：《中国法制史论集》，第4-5页。

[2] 其实徐氏本人，并非没有注意到“应然”与“实然”之区分，其分析唐代法制，于结论指出：“实际上执行的情况，是否和制度的理想，能相去不远，这就要看整个的政治情形为断。”《中国法律制度》，收入徐道邻：《中国法制史论集》，第18页。其分析明太祖，亦注意搜集正史刑法志以外的材料，加以比较论证。详见《明太祖与中国专制政治》，收入徐道邻：《中国法制史论集》，第351-357页。其关于法律制度之专题研究，更注意其实践之情况（详见下文分析）。

经验，可以适应宋代以降急剧变化的社会（故有谓宋代乃中国近世开始之论[1]），也是不争之事实，何谓法律，何谓社会，怎样界定其内涵、外延而避免泛泛而论，更有待从长而计之。

我们仔细阅读先生的著述，会发现其学术脉络有一转变，即对传统法制的评价，由崇唐转为右宋。在《宋律中的审判制度》一文中，标题壹即是“宋律为中国传统法的最高峰”[2]。其理由有三：一是法典经时代持续发展，日趋完善；二是宋代皇帝懂法律与尊重法律的，比其他朝代的都多；三是宋代的考试制度将法律当作一门重要的科目，科举中试者，亦需要先从事法律事务，故士大夫具备法律知识与实践经验。至此，先生在法史学上的重心转入了宋代，经由他的耕耘，我们得以窥见宋代法制璀璨之星空。

（二）以司法为中心，多元视角探讨宋代法制

就宋代法制之研究，先生触角之广泛，角度之新颖，开风气之先，足让人一赞三叹。

其中，有关司法制度，如《宋律中的审判制度》《鞫谳分司考》《宋朝的县级司法》《翻异别勘考》《推勘考》《宋朝刑事审判中的覆核制》；有关于法律教育与考试，如《中国唐宋时代的法律教育》

---

[1] 【日】宫崎市定：《宋元的经济状况》，收入氏著：《宫崎市定论文选集》（上卷），中国科学院历史研究所翻译组编译，商务印书馆，1963年。

[2] 在《宋代的县级司法》中，徐氏亦肯定就司法制度而言，宋乃中国法制史上的黄金时期。

《宋朝的法律考试》《宋仁宗的书判拔萃十题》；有关立法，如《宋律佚文辑注》《宋朝的刑书》；有关法学家之专题研究，如《法学家苏东坡》《东坡，常州和扬州题诗案》。

可见，先生延续以司法为中心之研究旨趣，其方法，乃由典章入手，分析制度之构成，确定运作之规范，进而寻找实例，加以印证，检验其实践之情况，其之风格，文字简朴，不作炫示之语，但求如史直书，法学之训练，使其逻辑表达清晰，国学之基础，使其史料驾驭娴熟。综之所述，主要意义有二：一、复原了传统中国覆审制度于宋代的具体面相，尤其是《鞫谳分司考》《翻异别勘考》，皆为考据的大文章。传统中国至少由唐代开始，乃采取覆审制度，惟其运作，仅见于《狱官令》条文，多语焉不详，先生于此经旁征博引，得补其阙；二、克服了以往法史学主要关注于中央审判之片面性，认识到基层司法之重要性与特殊性而予以微观考察，代表文章即是《宋朝的县级司法》[1]，经其研究，我们得以了解有宋一代基层司法的构成、特质及中央司法原则无法贯彻于基层之原因。这一研究视野的转向，为法史学开拓了豁然开朗之天地，传统法制的吊诡，亦有更多分析之视角。

“有其法而尤贵有其人”，法律人之培养乃制度成败之关键。如

[1] 当然，从其他专业来看，这一转向或许要更早。比如瞿同祖先生在1962年就出版了《清代地方政府》，对地方审判已有所涉及（徐先生则是于1972年完成此文）。

果说近代以降，沈家本发此问题研究之端倪，后有董康氏加以梳理，著《我国法律教育之历史谭》，道隣先生则赓续其事，开始特定朝代与专题之研究。[1] 经其研究，我们得以对传统（主要是宋）法律教育的机构、法律考试的制度与内容以及法律在传统智识体系中的位置沉浮有更深刻的认识。在法制人物上，徐氏显然对苏轼情有独钟，他冠之以“法学家”之头衔，为其“读书万卷不读律”引起之误读翻案。经引用全诗，以下句“致君尧舜知无术”为据，证实东坡并非不重视法律，并由其奏折文书入手，兼比较宋代法条，论证其精通法律。经徐氏之笔，我们可以看到宋代士大夫阶层诗词歌赋的才情之外，兼备法律素养之另一面。至于对东坡之偏爱，除法律之因素外，或许是相似之才气与命运，使徐氏更有惺惺相惜之感吧！[2]

至此，我们可以窥得宋代于中国法制史上的特殊地位，我等自然会有这样的疑问：有这样意美法良之制度和德才兼备的法律人才，何以后世不能坚守？徐先生于此，似乎只提到：

---

[1] 关于法律教育学术史的梳理，参见王健：《中国法律教育研究文献述要》，收入贺卫方编：《中国法律教育之路》，中国政法大学出版社，1997年，第376页。

[2] 徐先生的女公子谈到：“在我心目中，我父我祖结合了我国宋代文武两大伟人苏东坡与岳武穆的精神，一心一意为国效命，结果却遭到杀害和流放的命运。他们从来没为自身的利益着想，更不用说为他们的家人打算了。”徐小虎：《徐树铮先生文集年谱合刊》序三，第12页。

> 元人入主中原之后，宋朝优良的司法制度，大被破坏，他们取消了大理寺，取消了律学，取消了刑法考试，取消了鞫谳分司和翻异移勘的制度。明朝把元人赶走，但是承袭了他们的专制政治。所以恢复了一些旧有的制度，而最不彻底的就是司法。清朝在这一点上，也完全接受了明朝的衣钵。所以有关宋朝的优良司法传统，七百年来，知道的人不多，就是有人知道的，也不敢多讲。[1]

这样的答案，显然是不能令人完全解惑的，至少明清会审的逐步完善，乃制度上的发展，私家注律的繁荣，乃律学进步之体现。我们发现，徐先生晚期的研究中，已开始涉及明代法制，惟天妒英才，在生活稍为安定，正是学术上大可作为之时，先生竟撒手西去，留给我们无尽的遗憾。

三

历史（研究）与法律（司法审判），颇有相似之处，皆需经事（史）实讨论和价值评价。对传统法制“温情与敬意”也好，“同情

---

[1]　《鞫谳分司考》，收入徐道隣：《中国法制史论集》，第124-125页。

之理解”也罢，首先需要把握史实，惟有扎实史料上得出之评价，才不会是无本之木，无源之水。这一过程，需要敏锐之观察与思辨，更需要一丝不苟之考据。细细阅读徐氏的论文，似乎可穿透时空，看见一位学者于青灯古卷中爬罗剔抉，如史直书之身影，他的精神与才气，并不会因生命的消逝而终结，而是通过他的著作，感染熏陶着后学者。

徐复观先生曾谓：“道隣尝有志于事业，而其才又足以副之。然当未可直道而行之世，道隣辄欲直道而行；遇本未可与言之人，道隣常甘冒交浅言深之诮；于是屡试屡踬，殆亦势所必然。及憬然有觉，转身从事学问，则迷途已远。岁月蹉跎，掷少壮之宠笔，入侵循之迟暮，此余与道隣所同悲，竭万年而终莫能挽。然道隣所蓄者甚厚，用力亦倍勤，又多得妙暎女士之鼓荡激励，其成就遂远越余而上之，此道隣平生不幸中之大幸。”[1] 徐氏一生，由学术而入政治，再回归学术，“寂寞一生，从未得意”[2]，时代因素，个人境遇，造就其命运，君心如镜，以为然否？

[1]　《中国法制史论集》序一，收入徐道隣：《中国法制史论集》，第1页。

[2]　端木恺：《中国法制史论集》序二，收入徐道隣：《中国法制史论集》，第4页。

附：君子的复仇

民国三十四年（1945）八月十五日，日本宣布无条件投降，八年抗战结束。在中华民族举国欢腾的身影中，有一儒雅清瘦、步履微跛的中年男子，其脸上既有国耻得雪之喜悦，更有终得抉择后如释重负的超脱。“这一天，终于要来了”，他喃喃自语。

这位中年男子，名叫徐道邻，是以宪法和法制史研究传世的著名法学家，时任行政院政务处处长。这一天，是他苦等二十年的复仇之日。

十一月三日，阴霾细雨，常见的山城天气，徐道邻出家门但并非往行政院履职。在此之前他已经递上辞呈，此行的目的地是重庆北碚法院和国民党中央军事委员会。他递上的，是一纸诉状，控告的对象分别是张之江和冯玉祥，当时的国民党中央执行委员会委员和军事委员会副委员长。控告的罪名：杀人罪。

二十年前，徐道邻的父亲徐树铮遇害于廊坊，凶手是自称“为父报仇”的陆承武。但徐道邻知道，陆承武只不过是个傀儡，“稀里糊涂地唱了一出孝子的戏”而已。幕后的黑手，实是当时手握京畿兵权的冯玉祥。杀人案的执行者，则是冯的下属张之江。

这是民国时代的一件名案。其背后，是一位法学家的复仇故事。

故事须从徐道邻之父徐树铮谈起。徐树铮（1880—1925），字又铮，北洋名将，人称“小徐”，以便与曾任民国总统的“大徐”徐世昌区分开来。徐树铮是清末秀才，弃文从武，为段祺瑞所赏识，被着力栽培，成为段最为信赖的股肱之臣。段视其如己出，为了推荐他，甚至不惜当面与袁世凯翻脸。

民国八年（1919年），官任西北筹边使的徐树铮兵不血刃，使受沙俄控制而“自治”的外蒙回归祖国怀抱。这是他人生的高峰，功劳之高，连孙中山先生也认为堪比汉代“不入虎穴，焉得虎子”的班超和“犯强汉者，虽远必诛”的陈汤等卫戍边疆之名将。

徐氏书法遒劲，诗词雅致，精通经史，与当时名士林琴南、张謇、柯绍忞、马通伯谈学论道，相交甚笃；并擅昆曲。1925年访英，在皇家学院以“中国古今音乐沿革”为题进行演讲，连《泰晤士报》亦大表钦佩。可见民国时的武人，既有如“狗肉将军”张宗昌那样粗鄙不堪者，也有如徐树铮一般文武双全之人。

有才者不免恃才，恃才者则易傲物，傲物者往往跋扈，乃古今才士的通病。徐树铮之张扬，甚至连总统都不放在眼里。据说某次人事任命，黎元洪偶然问到被任命者的出身历史，时任国务院秘书长的徐树铮竟然很不耐烦地说：“总统不必多问，请快点盖章，我的事情很忙。”这一性格缺陷，为其人生的悲剧结局埋下伏笔。

民国七年（1918年），徐树铮在天津先斩后奏，以《惩治盗匪法》为由，枪毙了同为北洋袍泽的陆建章。陆建章是天津小站练兵出身，曾任军政执法处处长，杀人如麻，有“屠夫”之称。据说他曾请人吃饭，送客时从背后将人开枪打死，故其请客红帖有“阎王票子”之谓。

陆建章为人固非善类，被传有通匪之嫌，但徐树铮忌之杀之，难免牵涉背后派系之间的利益冲突，且不经审判，即就地正法。而陆建章的儿子陆承武，原是徐树铮在日本士官学校的同学，夫人亦是同学，两家关系本不疏远。所以徐树铮此举，于法于理，均未允当。徐道隣回忆，出事后他的母亲非常难过，徐树铮也从不谈及此事，从此亦再未杀人。

陆建章之死，震动官场，不免人人自危，引起恐慌。仇恨的种子，更在一个人的心中深深地埋下，他就是陆建章的外甥，颇受其恩厚的冯玉祥。

民国十四年（1925年），徐树铮考察欧美、日本回国。其时北方局势不稳，但顾于考察成果丰硕，他正踌躇满志，执意回京复命。至京述职完毕，他又不听劝阻，执意南返。据说当日段祺瑞案前曾出现“又铮不可行，行必死”的字条，段急派人送徐，徐并不介意，并拒绝军队护送。一而二，二而三，生机一失再失，命乎？

十二月三十日凌晨，徐树铮的专车行至廊坊，被冯玉祥指使部下张之江挟持而去。风雪之夜，随着一声枪响，一代枭雄，竟曝尸荒野，终年四十有六。徐是政府专员，身为同僚的冯玉祥自然不会承认自己杀人，而是电报政府，云："徐上将有功国家，不幸在路上为匪人劫害，其死甚惨，请政府优予褒恤。"其间，更有陆承武呼啸而至，自称为父复仇之一幕。冯之杀徐，据徐道邻事后分析，原因有三：一是徐访欧筹得款项，有望东山再起，冯对此颇为忌惮，先下手为强；二是徐反共立场鲜明，冯当时已经与共产党合作；三是冯欲报陆建章的知遇提携之恩。

古经"父之仇弗与共戴天"，春秋公羊亦有"父不受诛，子复仇可也"，复仇的重任，便落到了徐道邻的身上，这是他需要去做也必须去做的。亲属复仇，是贯通不同类型文明，贯穿人类社会不同阶段的伦理法则，国家出现后，固然会通过法律来限制私力救济，但是情法的辩难，不会因为制度日趋精致而消减，却是长时间地存在着。一方面固然是制度并非万能，另一方面也可能是人之本能就不是能够被制度化的。此时的徐道邻，弱冠之年，正在德国留学，回国奔丧，再默默返德继续学业，其内心果真平静如斯乎？非也！他暗中查明真凶后，复仇便成了他以后人生的主题。在其提出诉状之前的二十年间，未曾开口说过一次"冯"字，这样的仇恨，何等的彻骨！其内心深处，何等的翻江倒海！

徐道邻曾在《二十年后的申冤》一文中总结自己的心路历程：

凡是读中国书，听中国戏，看中国小说的人，对于他，没有一件比替父亲伸冤报仇更重要的。但是我那时知道，对于我，这却不是一件简单的事情。冯是一个手握重兵的大军阀。我是一个赤手空拳的孩子，怎么能谈报仇？想要报仇，必须努力向上，在社会上有了一点地位，然后才能作此想。因此我下定了决心：先拿报仇的精神去读书。等书读好了，再拿读书的精神去作事；等作事有点成就，再拿作事的精神去报仇！

所以，尽管他以《宪法的变迁》顺利地拿到柏林大学法学博士学位，尽管当时他的公法学造诣甚至超过了同时期的德国学人（其中不乏后来执德国公法学牛耳之才俊），但从此，他再也没有踏上公法的学术之径。等他数十年后再执教鞭的时候，已经转向中国法制史的研究。

尚在襁褓之时坠地伤足，因乳媪匿而不告，数年后遂成痼疾，终生不良于行，故无法如父亲一样投笔从戎，这是徐道邻的憾事。那么要“作事”，就只能是从政了。

民国二十一年（1932年）徐道邻回国。因徐树铮与蒋介石的交谊，他被蒋招至麾下，历任国防设计委员会、行政院参议、中国驻在意大利代办、考试院铨叙部司长、行政院政务处处长。十几年间，职务几换，也曾忝列智库，也曾叱咤外交，也曾司局干部，似乎很活跃、很风光，但书生参政，个中滋味，恐怕如人饮水，冷暖自知了。在三十年后发表的《论政治家与学人》一文中，他谈到“世上竟有不少有前途的学者，放弃了他们有把握的学问不做，而到没有把握的政治里去翻筋斗，真是使人难解”，这番感慨，叹息的是自己，还是别人？

复仇的机会并非没有，韩复榘曾找上门来，愿助“一臂之力”，但徐道隣何等聪慧之人，如陆承武般的假孝子，他是不愿意做的。“七七事变”，民族抗战，前线部队不乏冯玉祥的旧部，一个中央现职人员若状告冯玉祥，会对军队产生什么消极影响？他们是否会误解中央？他犹豫了。从政并没有给徐道隣带来期待的权力，反倒束缚了他的拳脚，国仇家恨，他需要斟酌衡量。

二十年，杀人罪的追诉年限转瞬即到，好在天可怜见，倭寇已灭，他终于可以心无旁骛地提起诉讼了：父亲，今天的复仇，是以法之名。

军事委员会的批示下来，依据民国十四年适用的刑法，杀人罪的告诉时效是十五年，也就是说，法律以技术手段，委婉地拒绝了徐道隣的诉讼请求。徐氏马上以抗战八年时效中断为理由提出抗诉，但无论是军事委员会还是法院，再无下文。意料之外，也是意料之中！徐道隣谈道：

我在递状子时，原就担心不会有结果。但是我一定要向社会指出，谁是那个一直躲在他人背后指使杀人的主凶。他纵然有胆子行凶，但是在二十年后，有人指出他杀人罪行时，他却没有胆子承当，他这种狼狈喫鳖的情形，也使我略感安慰。只是含冤二十年，既未能手刃父仇，也未能使犯人正法，终不免抱恨终天，惟有祷告和希望历史的制裁，永远在人间发挥其正直的力量。

与古典时期一样，民国时代的子女复仇，仍然具有很强的伦理正当性，在舆论上也颇能获得支持。所以施剑翘杀孙传芳，郑继成杀张宗昌，乃至所谓陆承武杀徐树铮，抛开其背后或许隐藏的政治阴谋不说，杀人者或被特赦，或不被追究，皆可说明此点。与施、郑的快意恩仇不同，徐道隣的复仇显得比较独特，或许这与徐受过法学教育，受其规训不无关系吧。他的隐忍，他的坦荡，他的气节，是这个并未成功的复仇故事中让人最为印象深刻之处。我又想，当他投出诉状的一刻，不管成败，他都已经获得了心灵的解脱，“以直报怨”，这是君子之风。

法律的婉拒，或谓不幸，又何尝不是幸运?

段祺瑞在爱将徐树铮被害后的沉默和不作为，曾使徐道隣颇为不满，但后来对情况的了解使他逐渐释怀，相信段并非无情之人，相信段自有他的分寸，其中就包括了解到段祺瑞信奉“轮回”“因果”。佛家学说与古典思想的结合，使得中国的“报”具有宿命与来世的更深刻的意涵，这或许多少能缓和现世的情法冲突，抚慰孝子们内心的愤懑吧。

当陆建章送出“阎王票子”的时候，可曾想到徐树铮背后的一枪。当徐树铮下令就地正法的时候，可曾想到廊坊的风雪之夜。当冯玉祥发出截杀密令的时候，可曾想到黑海上的阴谋……我想，谁都不曾想到。但报应的因果，已经种下。

据说小徐死时，大徐的挽联是“道路传闻遭兵劫，每谓时艰惜将才”，吊诡的是，之前祭奠陆建章时，他亦曾送同样的挽联，是徐世昌的有意为之，还是无心之为，堪耐玩味。

因果循环，报应不爽，这或许就是拨弄芸芸众生的命运之手。

从邵循恪到端木正

——清华法政研究生教育的薪火传承

1930年，清华法学院设置法科研究所，包括政治学部与经济学部。政治学部的设置，乃清华法政研究生教育之滥觞。在清华的法学史上，由于特殊原因造成了法律学系长时间缺位，法科研究所中的法律学部也一直没有建立，所以政治学部实际上就是清华法政研究生培养的主体机构。本文试图利用一些珍贵难得的资料，来考察当年政治学部的情况，同时结合其所培养的优秀学生、彼此间更有着师承关系的两位杰出学人——邵循恪和端木正学习历程的素描，勾勒出清华法政研究生教育较为全面的面相。

一

依据1937年《清华大学一览》上的《法科研究所·政治学部》和

《法科研究所・政治学部学程一览》（民国廿五年至廿六年度）[1]，政治学部的制度设置可概括为如下7点：

1. 政治学部的工作方针为：（一）确定研究范围；（二）侧重本国题材；（三）着重材料之搜集；（四）实施严格训练与培养认真切实之风气。

2. 研究生毕业期限，最少三年（按：后于1934年5月遵教育部令改为最少二年，实际上并无人能于两年内完成）。对研究生的修学要求是：（一）第二外国语考试及格；（二）选修学科至少满24学分；（三）毕业初试应考及格（考试委员会应有经教育部核准之校外人员参加）；（四）毕业论文经研究导师认可，本部预审合格，再经论文考试委员会（组织同前条）考试及格。

3. 研究生于第一学年始业时，应于部中导师及部主任切实商定整个研究计划，包括选修课程、认定学科、预备各项考试，决定论文题目等。导师及其指导范围如下：萧公权（中国政治思想）、王化成（国际公法及国际关系）、沈乃正（中国地方政府）、陈之迈（中央政治制度）、张奚若（西洋政治思想）、浦薛凤（近代政治思潮）。

4. 研究生要求就下列三种专门选读与研究选修一门：（一）公法（宪法或国际公法）专门选读与研究；（二）政治制度专门选读与研

[1] 收入《清华大学史料选编》第2卷（下），清华大学出版社，1991年。

究；（三）政治思想专门选读与研究。其意在使研究生初步专门化，并期于研究过程中，能获得一适当之论文题目。

5. 第二外国语（除导师及部主任特许者外，应于德法语文中，选择其一）考试最迟须于入学后一年内应试及格。及格程度以等于已曾修习该项文字至少二年以上，能译读流利为准，未及格者，不得参与毕业初试。

6. 凡应毕业初试者，应于下列五项学科中，择一为主科，择二为副科，共计三项，为其初试范围。（一）政治制度、（二）宪法与行政法、（三）国际公法及国际关系、（四）政治思想、（五）市政。凡应毕业初试得下等者，得于三阅月后，补考一次。凡应毕业考试不及格者，其所著论文，研究部概不接受审查。毕业初试至迟应于毕业前六个月，应试及格。

7. 论文考试之范围，得包括主科。

从这些要点中，可得如下三点感受：

第一，政治学部的研究生可分为规范、制度和思想三个方向，每个方向的导师，皆堪称中国该领域最优秀的学者，其大都受过较为系统的中国古典教育，并在西方一流大学中取得学位或有长时间的游学经历，且当时正是年富力强的年龄。

第二，政治学部的培养考核相当严格，除了相关课程的学习，第二外语、毕业初试、论文考试，环环相扣，一项不过关就无法进入第二项。

第三，在专业智识的训练上，非常注意奠定学生扎实之基础，再养成其专精。学生貌似只需就三种研究方向中选择一门进行研究，进而形成论文，但毕业初试中的主、副科内容，实际几乎涵盖了各个方向的内容，且毕业论文考试，实际也不只限于论文本身，而是可包括主科这一更广阔之范围。

据史学家何炳棣先生回忆，当年靳文翰（1935年清华政治学系毕业，同年考上政治学部研究生——笔者注）曾对他大谈基本功的重要性，谓其把奥本海姆（Oppenheim）的《国际公法》包括小注，已经读了八遍。[1] 可证当时的政治学系严谨扎实，注重基础之学风。

二

从现有资料上看，1930—1937年政治学部研究生有：邵循恪、谢志耘（1930）、万异、陈春沂（1932）、王铁崖（1933）、罗孝超、楼邦彦（1934）、靳文翰（1935）、宋士英、池世英（1936）、张天开、刘信芳、陈明翥、鞠秀熙等人。[2] 但有意思的是，从现有的资料

[1] 何炳棣：《读史阅世六十年》，广西师范大学出版社，2005年，第99页。

[2] 1930—1936年的《研究生院新生名单》（《国立清华大学校刊》第200、305、436、514、592、676、765号），收入《清华大学史料选编》第2卷（下），清华大学出版社，1991年。

上看，1933—1943年清华授予硕士学位的学生中，政治学部只有1933年毕业的邵循恪一人。[1] 其原因主要有：一是考核非常严格，可能有中途辍学者；二是不少学生考取中美、中英庚款考试，未完成学业即出国留学。其中有如王铁崖（第四届中美庚款留学考试，1936，专研国际公法）、楼邦彦（第四届中英庚款留学考试，1936，专研行政法）、张天开（第五届中英庚款留学考试，1937，专研社会立法）、谢志耘（第六届中英庚款留学考试，1938，专研近代史）、陈春沂与靳文翰（第七届中英庚款留学考试，1939，专研行政法）。[2] 这类庚款考试难度颇高，一般每个方向全国仅有一个名额（第七届中英庚款考试可能是例外），高中者无疑是这个领域全国的佼佼者，清华政治学部录取名额之多，可证明其培养学生之优秀。

邵循恪（1911—1975），字恭甫，福建闽侯（福州）人，1930年毕业于清华法学院政治学系，同年考入政治学部研究生。有意思的是，邵循恪的哥哥邵循正也是同年毕业于清华政治学系，他考上的是历史学部的研究生，后来成为著名的历史学家。

作为政治学部当时硕果仅存的毕业生，邵氏的成绩单无疑具有重要的史料价值，其具体如下：

---

[1] 参见《清华研究院1933—1943年授予硕士学位人数报告》，清华大学档案，具体卷宗号不详，《清华大学史料选编》第3卷（上），清华大学出版社，1994年，第102页。

[2] 孙宏云：《中国现代政治学的展开：清华政治学系的早期发展（1926—1937）》，生活·读书·新知三联书店，2005年， 第154页。

1. 历年选修学分：第一年18，第二年8、第三年6。

学分成绩总平均：平均成绩1.097，按25%计:0.273。

2. 第二外语考试：及格。

3. 毕业考试：

考试日期：二十二年（1933年）三月三十日下午二至五时。

考试委员：浦逖生、钱端升、王化成、萧公权、张奚若、燕召亭、蒋廷黻、萧叔玉

应考学科：

一、国际公法与国际关系

二、宪法与行政法

三、政府

评定成绩：上，1.1，按25%计：0.275。

4. 论文考试：

考试日期：二十二年十月十六日

考试委员：王化成、浦逖生、张奚若、钱端升、萧公权、沈乃正、蒋廷黻、燕召亭

论文题目：The Doctrino of Rdbus Sic Stantibus（《现状如恒条款》）

评定成绩：上，1.1，按50%计：0.550。

5. 总成绩：1.098 [1]

因为邵氏成绩特优，由学校遵照章程公决，遣送留美，邵循恪后来在芝加哥大学获得博士学位，[2] 并于1939年回校任教。

对优秀学生给予无微不至的关照，并积极地为其成长创造机会，也是清华重要的传统。从邵循恪的成长经历上看，既保证了清华正在逐渐形成的学术传统之延续，也避免了可能的近亲繁殖之弊端。当然，更必须指出，正如何炳棣所讲，“旧中国”的知识分子是“重趣味重性情而轻利害”，“道德”水准较高，没有鱼目混珠、自欺欺人、互相吹捧，树立利益集团等不良风气。[3] 这是我们在借鉴那个时代经验时，应该首先了解的背景。

三

邵循恪回国时的清华，因为日寇侵华，被迫南迁于昆明，正处于特殊的战时状态——与北京大学和南开大学共同组成西南联合大学。

---

[1] 《二十一年度研究院毕业生成绩一览表》，清华大学档案，全宗号1，目录号2-1，卷宗号52，收入《清华大学史料选编》第2卷（下），第645—646页。

[2] 《法科研究所·政治学部》，《清华大学一览》，1937年，收入《清华大学史料选编》第2卷（下），第597页。邵氏出国时间，该处写是“二十二年六月”（考虑其论文考试时间是“二十二年十月”），恐怕有误，仍有待考。

[3] 何炳棣：《读史阅世六十年》，第162页。

1939年6月27日，西南联大常委会第111次会议决议："本校暂不举办研究院，由三校就现有教师设备并依分工合作原则酌行恢复研究所部。其研究生奖金等费用亦由各校自筹拨发。"[1] 即此，开始恢复长沙临时大学时暂时停止的研究生教育，其培养上采取各校相对独立的方式。

1940年，开始恢复法政研究生的招生。依据《国立西南联合大学清华、北大、南开研究院二十九年度招生简章》，清华的法科研究所设有政治学部，组别及考试内容如下：（1）政治制度组；（2）国际法组。a 国文、b 英文（作文及翻译）、c 近代政治制度、d 西洋政治思想史、e 国际公法。北京大学的法科研究所设有法律学部，组别及考试内容如下：（1）中国法律史学及中国法律思想史组，a 国文、b 中国经文解释、c 英文（作文及翻译）、d 罗马法及法理学、e 民法、f 刑法；（2）国内司法调查组，a 国文、b 英文（作文及翻译）、c 民事诉讼法、d 刑事诉讼法、e 民刑法。[2]

1942年，规模扩大，法科研究所的法律学部分为三组，分别是：（1）中国法律史学及中国法律思想史组（北大），（2）国内司法调查组（北大），（3）犯罪学组（北大）；政治学部分为四组，分别是：（1）政治制度组（清华），（2）国际法组（清华），（3）行政

[1]《国立西南联合大学史料》第2卷，云南教育出版社，1998年，第96页。

[2]《国立西南联大大学史料》第3卷，云南教育出版社，1998年，第443页以下。

组（北大），（4）国际关系组（北大）。[1]

依据《国立清华大学、国立北京大学、私立南开大学研究院暂行办法》，研究院学生学费暂免，可担任本校半时助教（半时助教者不给予津贴，但仍得领受奖学金）。成绩及格者得请求津贴（每年每人600元），成绩优异者给予甲种（总平均分80分以上，300元）、乙种（总平均分75分以上，150元）奖学金，[2] 津贴与奖学金虽然有人数限制（如清华津贴名额以二十人为限，每部以四人为限，奖学金以十人为限），但考虑到研究生人数甚少，只要成绩符合标准，皆有机会获得津贴和奖学金。

从现有资料来看，北京大学的法律学部研究生有4人，1940年入学者为贺祖斌，1941年入学者为闻鸿钧，1942年入学者为张挹材，1943年入学者为崔道录。[3] 其中，张挹材的论文是《司法调查》、崔道录的论文是《隋唐法律思想与法律制度》，指导教授皆为燕树棠先生。[4]

清华政治学部的研究生有7人，1940年入学者为瞿维熊、吴明金、屈哲夫，1941年入学者为胡树藩，1942年入学者为钟一均、罗应荣，

---

[1]　《国立西南联大大学史料》第3卷，第456页。

[2]　参见《国立西南联大大学史料》第3卷，第445页以下。

[3]　清华大学档案（全宗号）1——（目录号）4：2——（案卷号）79——（页码）13。

[4]　《国立西南联大大学史料》，第3卷，第468页。

1943年入学者为端木正。[1] 从目前的资料可知，罗应荣于1946年毕业，论文是*The International Relation of Outer Mongolia in Relation to Russia and China*，导师是邵循恪；端木正于1947年毕业，论文是《中国与中立法》，导师是邵循恪；钟一均于1948年毕业，论文是《不列颠自治领的宪法地位》，导师是甘介侯。

学术薪火传承，以邵循恪的学生端木正在西南联大的教育历程为例，可见该时期研究生培养之一斑。

端木氏大学时本欲报考清华，因战时清华考试无法如期举行，转考燕京大学。后借读武汉大学，1942年毕业于该校政治学系。1943年9月，端木氏考入清华研究院政治学研究所国际法组，1945年6月修满26学分后，进入相关的考试阶段。

首先是外语考试，1946年4月2日在西南联大外国语文学系通过第二外国语考试（法文），主试人吴达元，成绩为及格。

其次是学科考试，1946年5月7日，在清华大学会议厅（昆明）举行学科考试，考试范围为：国家公法与国际关系、各国政府及政治、西洋政治思想，考试委员7人，主试委员是张奚若，委员有钱端升、赵凤喈、刘崇鋐、邵循恪、潘光旦和王赣愚，成绩为81分。11月份起，端木正成为半时助教。

---

[1] 清华大学档案（全宗号）1——（目录号）4：2——（案卷号）79——（页码）8。

最后是论文考试。在其论文《中国与中立法》获得导师邵循恪认可后，进入考核的最后一关：论文考试。

该论文考试于1947年7月16日下午3时至6时，在图书馆楼下文法学院讲讨室举行。考试委员9人，其中本系教授4人：邵循恪（主试委员）、张奚若、赵凤喈、甘介侯，本校外系教授3人：吴泽霖（社会学系教授）、刘崇鋐（历史系教授）、邵循正（历史系教授），校外委员2人：崔书琴（北大政治系教授）、王铁崖（北大政治系教授）。端木正论文考试的成绩为81.5分。端木氏论文的审查意见摘要为："取材虽未完备，论断则颇为精审。本文能对中立法方面做初一步的历史叙述，实为尚有学术价值之作。"[1]

其培养考核，无论是程序方面还是具体内容，皆保持着与战前清华相当的连续性。考试委员的阵容强大，是让人印象深刻的一面。其中学科考试7人，论文考试甚至高达9人，各位考试委员的专业背景也各不相同，来自政治学、法律学、社会学、历史学各个领域。想必他们所提之问题，也会从各自的专业出发，考生如果知识背景不够广博，不具备"舌战群儒"的实力，准备不充分，在数个小时多对一的轮番"轰炸"下，实际上是很难过关，非常容易被"烤糊"的。

作为端木正的导师，邵循恪参与了学科考试和论文考试的全过

[1] 根据清华大学档案（全宗号）1——（目录号）4：2——（案卷号）80-1和80-2相关内容整理。

程，在论文考试中，他甚至担任了主试委员，这里并无今天答辩制度设计上的所谓导师回避问题，联想到邵循恪当年考试，其导师王化成也是全程参加，大家似乎习以为常，此可以从某一角度说明学生和论文的水准才是考试的关键，亦让人再次感叹前引何炳棣关于当时知识分子的评价，实不无道理。

端木氏的两次考试，成绩皆在80分以上，实际上是当时甲种奖学金的标准，可证其在联大相当优异的表现，但对其论文的审查意见仍然相当谨慎（按：笔者怀疑是出自其导师邵循恪之手），对论文未尽完美之处毫不客气地指明，褒奖之处也留有余地。笔者以为，这样的评价无损端木先生的声望，反倒是会让人对那个时代严谨、严肃、严格的学风好生敬仰。西南联大堪称中国乃至世界教育史上的一个奇迹，这种奇迹的基础正是建立在这种笃实的学风之上，端木先生在该时期所受教育的过程，正是其有力佐证。

如同其导师邵循恪，端木正也选择了毕业后赴国外深造之路。1947年，其考取留法公费，并在巴黎大学顺利地获得博士学位。不免有憾的是，1952年的院系调整，形势比人强，他无法如邵循恪一样，在其念兹在兹的清华大学，施展其本身所学。

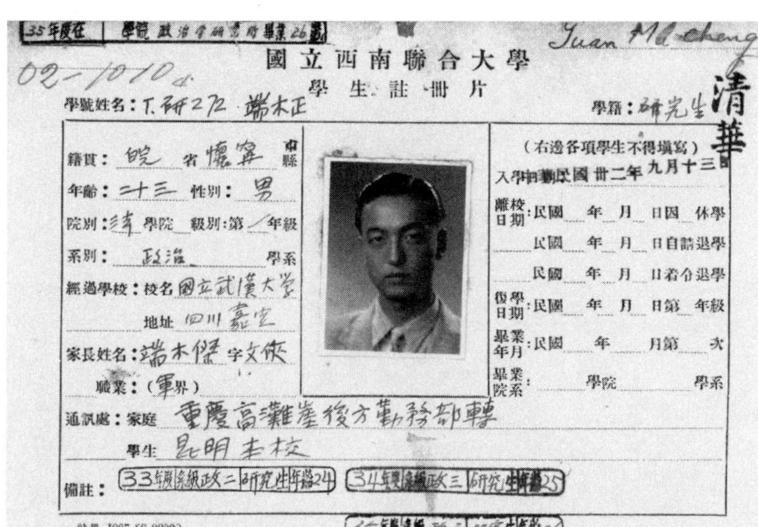

35年度在　學號 政治學研究所畢業26歲

Tuan Mu-cheng

02-1010 d

國立西南聯合大學

學生註冊片

學號姓名：T.研272　端木正

學籍：研究生

清華

籍貫：皖省懷寧縣

年齡：二十三　性別：男

院別：法商學院　級別：第一年級

系別：政治學系

經過學校：校名 國立武漢大學

地址 四川嘉定

家長姓名：端木傑 字文俠

職業：（軍界）

通訊處：家庭 重慶高灘巖後方勤務部轉

學生 昆明本校

（右邊各項學生不得填寫）

入學日期：民國卅二年九月十三日

離校日期：民國　年　月　日因　休學

民國　年　月　日自請退學

民國　年　月　日着令退學

復學日期：民國　年　月　日第　年級

畢業年月：民國　年　月第　次

畢業院系：　學院　學系

備註：33年度法級政二研究生年齡24　34年度法級政三研究生年齡25　35年度法級政三研究生年齡26

註冊 1007.39.99000

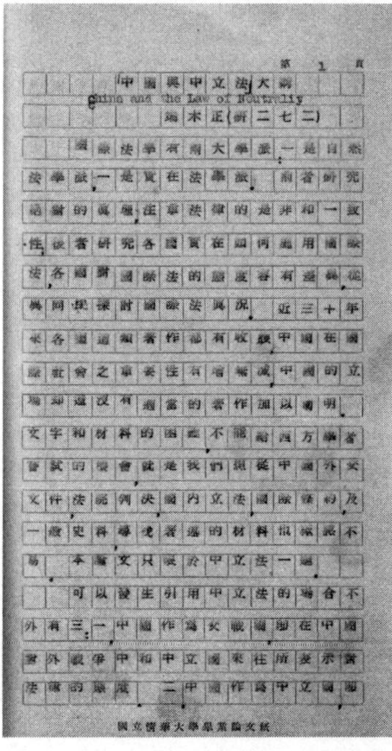

第 1 頁

中國與中立法大綱

China and the Law of Neutrality

端木正（研二七二）

國立清華大學畢業論文紙

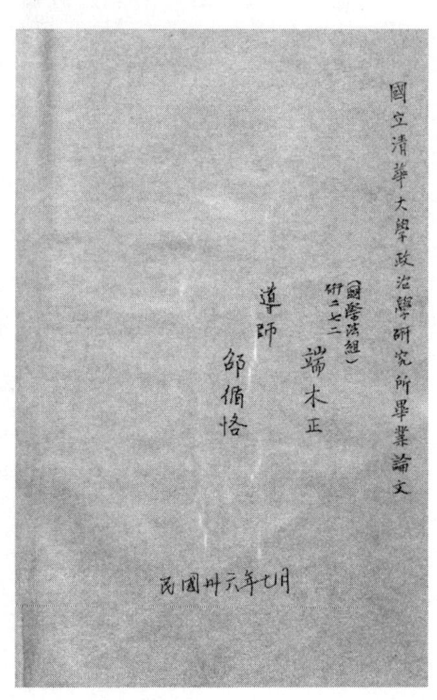

國立清華大學政治學研究所畢業論文

（國際法組）

研二七二

端木正

導師 邵循恪

民國卅六年七月

端木正的学籍卡、论文大纲及封面

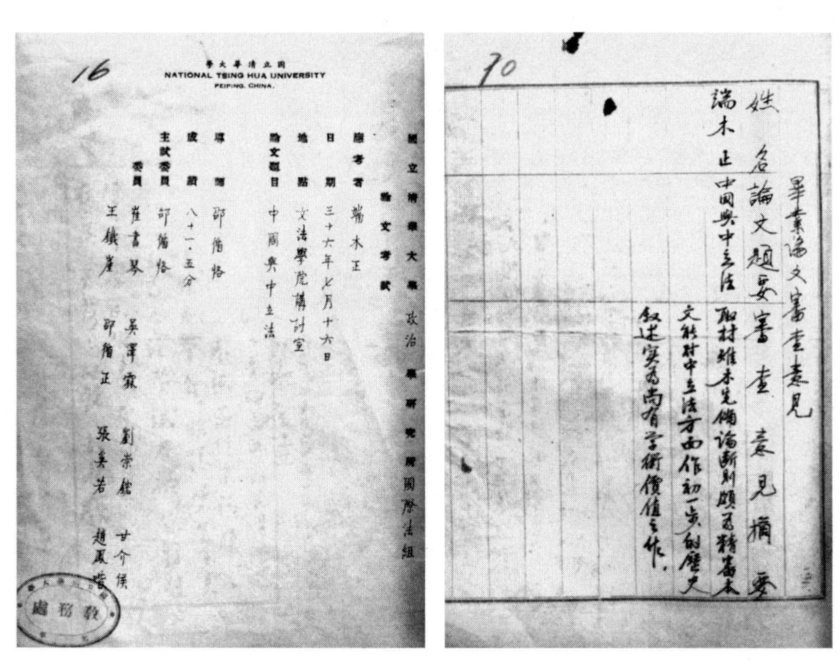
16

國立清華大學
NATIONAL TSING HUA UNIVERSITY
PEIPING, CHINA.

國立清華大學政治學研究所國際法組
論文考試
應考者 端木正
日期 三十六年七月十六日
地點 文法學院講討室
論文題目 中國與中立法
導師 邵循恪
成績 八十一·五分
主試委員 邵循恪
委員 崔書琴 吳澤霖 劉崇鋐 甘介侯 王鐵崖 邵循正 張奚若 趙鳳喈

教務處

70

畢業論文審查意見

姓名	論文題目	審查意見摘要
端木正	中國與中立法	取材雖未完備論斷則頗為精審本文能對中立法方面作初步的歷史敘述實為尚有學術價值之作。

端木正硕士论文考试及论文审查意见

简短的结语

从邵循恪到端木正，见证了清华法政研究生教育的薪火传承。少而精，是其人员构成的整体特征；高标准、严要求，是其培养考核的重要特点；广博且专深，是其培养人才素质的突出体现。这股学术与教育的薪火，虽非炙热，却足以持久的温暖，虽非熊熊，却能永恒的绚烂——那个时空下的那些人、那些事，将是近代中国法学不朽的传奇。

一生求索惟公正　人品文品入清流

——记比较法学家潘汉典先生

这是一个暖秋的上午，当阳光掠过窗帘，轻轻地洒在书桌上的时候，我正在东总布胡同一所普通的寓所中，而对面坐着的，就是我今天要拜访的人——比较法学家、法学翻译家潘汉典先生。我并非先生的学生，没有耳提面命的机会，无法更多地从学术的角度来考察他的思想，也不能侈谈对他的理解。和大多数人一样，我通过读先生翻译的书和文章开始认识他，和先生的初次见面，也仅仅是一次偶然的机遇。老人的随和使我有更大的勇气和更多的机会去接近他。每次和潘老交谈时所感染的那种内心平和的喜悦，以及所受的颇多鼓励，都使我对潘先生，甚或他们这一代知识分子的淡泊名利和社会责任感有了更深的体悟。在法学成为显学却又摆脱不了“幼稚”之名的今天，当它在一派繁荣的场景中高歌猛进却又迷失自我的时候，这份淡泊尤其显得可贵，这份责任感更加令人感动。也许，我们通过回顾潘先生所走的路，会悟出点什么。

一、书香贝叶但求公正

潘汉典先生祖籍广东广州。1920年出生于广东汕头。祖父是清朝的进士，在东北为官，告老还乡之际，当地百姓夹道相送，祖母见此景对潘先生的父亲说："当官就要当这样的官，要不然就别做。"（此即所谓"当官就要为民做主"）。祖母的话无疑有决定性的影响，潘老的父亲从广东法政学堂毕业后，到汕头任检察官，后感到检察官不能很好地为民申冤，遂离职做律师，并被选为当地律师公会的主席。虽然父亲在46岁就英年早逝，当时甚至是在他曾帮助过的当事人的资助下，才有一副棺材入葬。但父亲好打不平的秉性、职业上的成功和在当地的受人爱戴对潘先生的性格乃至职业的选择产生了巨大的影响。尽管父亲的初衷是想让潘先生将来去日本读士官学校，投笔从戎，为国家出力。但法律所寄寓的公平正义理念，已经在其心中留下深刻的烙印。冥冥之中，似乎有一股力量在驱使着他走上法学之路。父亲去世后，潘先生随家人回到广州，就读于中国教徒办的学校——培正学校。作为一所教会学校，培正有其独特之处:它既有数理化等西学课程，也有传统的四书五经的教育，但不拜孔子。[1] 同时学校也注重学生综合素质的培养，开设有音乐、绘画等课程。先生有很高的艺术修养，在先生的书房“小书斋”中，可以看到他的一些绘画作品，笔锋细腻秀美，这些爱好就是在此时培养起来的。需要特别指出的是，培正的很多教员是留学回来的华侨子弟，在英语的教育上有特殊的优势。其中有的是在美国拿到法律博士的学位，经他们的介绍，霍姆斯等法官的形象让年轻的心悠然而神往，走上法律的道路(the path of law) [2]，已是水到渠成的事。可以说，在培正所受的教育，为潘先生后来的学术生涯打下了坚实的基础。

1940年，在以最优成绩从培正中学毕业后，潘先生进入东吴大学学习法律。三四十年代的中国，正处于内忧外患之中。在日寇入侵，上海沦陷后，东吴大学法学院曾假租界一隅之地得以幸存。但在日美关系交恶以后（东吴大学法科为美国人兰金创立），东吴大学迁往重庆，留在上海的法学院，根据其英文校名改称“中国比较法学院”，继续坚持了下来。作为一个有强烈的社会责任感的知识分子，生活在国家积贫积弱的年代，内心所受的煎熬，可想而知。在众多的强国之路中，潘先生选择的是一条法律之径，原因在于他认为：法律可以坚

[1] 关于培正学校的介绍，高旭晨的文章有些出入，特此纠正。见高旭晨:《潘汉典先生访谈录》，《环球法律评论》2001 年夏季号，第178 页。

[2] 借用霍姆斯的一篇著名文章的标题。

持社会正义，主张人权，对现代社会的重要性不亚于军事的作用。也就是这种信念，使得在那个特殊的年代，潘先生能全力以赴地投入到学习之中。也就是这个特殊的年代，老师和学生的关系更加密切。当时的很多老师，从司法实务中退出，全心投入到教学之中。时任法律系主任的费清先生（费孝通先生的胞兄，德国柏林大学法学硕士。中国政法大学德国法研究中心现保存有费清先生当时赠送燕京大学的德文书若干），不仅努力使得学校在困难的时期坚持正常办学，更在生活上给予潘先生很多帮助。其他的如郭云观先生（曾任上海高等法院院长，哥伦比亚大学法学博士）、鄂森先生、刘世芳先生等也给了潘先生很多提携。东吴大学实行双轨制教育。在这里，潘先生不仅学习了中国法的知识，对普通法也获得了系统的了解，他的视野也因此更加开阔。此时的潘先生，因为博学而被同学称为“潘博士”。

从东吴大学毕业后，潘先生到一家华侨银行——中南银行当法律顾问。随着抗战胜利，东吴大学开始招研究生，1946年，他又回到学校，开始了他的研究生生涯。在大学期间，潘先生已经通过苏联使馆的宣传栏接触到马克思主义的思想，1947年，日本著名学者平野义太郎的《马克思恩格斯关于历史唯物论与法律》一书进入了先生的世界。这本书至今仍保存在潘先生的家中。打开这本因为年代久远而略显破旧的书，扉页上仍清晰地记录着主人购书的时间（1947年某月某日）和地点（内山完造书店）。书中有许多德文的加注，先生告诉

潘汉典先生1948年在上海获东吴法学院法学硕士学位时摄

2002年中国政法大学校庆50周年被授予“学科建设开创者”时所摄

我，这本书因为国际形势的关系，有许多删节，为了更好地学习，他特地查阅了德文的原著补了上去。马、恩用经济、政治的观点对法律进行全面、深刻的论述很快就获得了这个喜爱法理学的年轻人的认同。而此时的国民党政府，因为贪污和腐败已经失去了爱国青年的心。在1949年，先生本来可以到耶鲁大学法学院深造，但由于美国支持国民党，他毅然放弃了这个机会，留在国内参加新中国的法制建设。

二、大师何如文德与人

潘先生是个语言的大师，他精通德、法、日、俄、意、英六门外语。他学习外语的动机很单纯，一是为了学习先进的东西，比如对德语的学习，那是因为他在东吴大学时看到那时很多民法书都引用日本人的著作，而日本的民法更多的源自德国，所以他想，为何不直接学习德国人的东西呢？对俄语的学习也是如此。另一原因是为了排除歧义，达到真正了解。比如对意大利语的学习。在这里，请允许我引用潘先生在马基雅维里《君主论》译后记中的一段话：

1958年商务印书馆将此书列入世界学术名著选题计划，即向译者约稿。译者根据英译本译出后，为了译文的信达起见，曾取英、美、法、德、日各国译本互相核对，发现文义莫衷一是，定稿甚难，决定以意文本为准据另译。为此苦攻意文。其后借到《君主论》卡塞拉(Mario Casella)审订本及彼得格勒外文图书馆藏本，即根据此两个版本，对照英、美、法、德、日各国多种译本（见参考书目）重新译出，第一稿于六十年代初完成。七十年代陆续借到：马佐尼(M. Mazzoni) 审订本及邦凡蒂尼(M. Bonfantini)审订本，又根据两者，同时对照各国译本，先后进行两次较大的修改，择善而从，不拘泥于一个版本。这是第二稿和第三稿。1982和1984年，笔者先后在加拿大麦吉尔大学法学院及东京大学法学部进行学术交流研究，搜集到各国关于马基雅维里的研究资料，对译稿又进行了两次修改，成为现在的这第四稿。[1]

跨越近30年的光阴，四易其稿，伴随的是对一门语言从了解到精通，我想，语言的学习不排除天赋的因素，但对一门乃至数门外语的精通也许更需要一种不带任何功利色彩的纯朴心灵，以及那孜孜不倦的“钝功”。记得和潘先生一起编写《英美法词典》的薛波师兄曾讲到，在他对某个词条很有把握的情况下，潘先生仍要他拿来不同词典，反复推敲，再三求证，尤其对单词的不常用的用法，更要仔细比

[1] 【意】尼科洛·马基雅维里：《君主论》，潘汉典译，商务印书馆，2013年，第130页。

较，慎之又慎。往往词条中的某一个单词，就要花去一两个小时甚至更长时间。而结果往往是先生的怀疑是有道理的。有一回，我在先生家中看到他为《比较法研究》的一篇庞德的译文进行校对，文中有一句，译者采取了直译的办法“如同爱尔兰岛上的蛇一样”，但这种译法显得和全文的意思不相符合。先生此时已有意译的想法，但为了求证，他甚至找来了不列颠百科全书，结果果然符合他的猜想：爱尔兰岛上是不产蛇的，此句是一个隐喻。在这一刹那间，我体会到翻译的困难（需要太多的背景知识）和一个学者的谨慎和求实的精神。在这一刹那间，我理解了薛波所描述的“潘先生看外文书很慢，对一个封面都要端详很久”这句话背后的深层次含义。也在这一刹那间，我知道了为什么潘先生主持翻译的《比较法总论》会是最好的法学译著之一。

一代的学者有其时代的使命，语言方面的优势和时代的特殊使得潘先生更多地通过翻译，为中国的法治事业鼓与呼。在新中国成立后，潘先生曾到北大任教，随后到中央政法干校学习，其间下放到河南农村，参加“四清”。回来后因为外语能力被董必武先生看中，调入中国政治法律学会（中国法学会的前身）工作。在此期间，他曾翻译了恩格斯的《英吉利宪法》《英格兰状况》等著作，为新中国宪法的制定提供了大量的参考资料。“文革”期间，潘先生到湖北“五七干校”劳动。“九·一三”事件后回到中国社会科学院法学研究所。

八十年代后由于工作需要，潘先生来到中国政法大学，并担任了比较法研究所的第一任所长。不论是在开始恢复介绍外国法律时期对南斯拉夫、东欧等国家的法律情况的介绍，还是在七十年代后期中美建交后对美国法律制度的介绍，以及在八十年代修改宪法时期，对世界各国宪法的介绍，都离不开潘先生和其主编的“法学译丛”的汗马功劳。值得一提的是，现在已被中国法学界所熟悉的德沃金、富勒等人，比较法、法律文化等概念，正是通过潘先生的翻译而被引入中国。2001年政法大学五十周年校庆，潘先生被授予“学科建设开创者”的荣誉，我想这是对他最好的肯定。

记得喜欢“泡”外文图书馆的郭琛师兄曾对我说过，他在那里最常碰见的老师就是潘先生。这很让我吃惊，因为先生毕竟已是高龄，而且家离学校很远，也没有专车。潘先生对个人的问题似乎总是考虑得很少。当我问及他在“文革”中有无受冲击时，老人坦言说很少，他聊得更多的是他被下放到河南时和在“五七干校”时了解的农民的艰苦，言语之间，我体会更多的是一种知识分子的社会责任感。潘先生不是一个喜欢出风头的人，对于我的访谈请求，他也一再婉拒。但对于一些基础性的工作，他则不遗余力地参与和帮助。我想特别提到的是即将完工的《英美法词典》，这部耗时9年的法律词典，潘先生不仅参与了翻译和校对，还帮忙联系译者。这些译者中很多是潘先生的学长，因为时代的原因，他们没有机会更多地展示他们的才智，也许我们将只能从这部词典中第一次见到他们的名字。使我深深为之感动的是潘先生在表明他所以倾全力参与校译《英美法词典》工作时所说的一句话："这就算是我们东吴人对社会做的最后一份贡献吧。"我可以想到，先生说这话时肯定也是很自然平淡，但在我的内心却有如一声春雷，因为我由此看到的，是一颗美丽的心灵。在这世事迅速变迁的时代里，在这嘈杂纷扰的尘世中，在这充满各种诱惑的社会里，先生恬静淡泊，不求名利，不事权贵，不媚世俗，仍然以他那童真般的执着信念追求并实现着其人生的价值，真正体现了一个老学者的高风亮节，令人仰之弥敬。我们或者可以这样概括他:一生求索惟公正、人品文品入清流。

致　　谢

感谢范新先生的厚爱与徐婷编辑的辛勤付出。

感谢在写作和出版过程中或温言教诲指正，或惠赠授权珍贵图片，或提供各种帮助的师长和学友，特别是李贵连先生、刘广安先生、许章润先生、王志强先生、孙家红先生、李启成先生、胡震先生、燕今伟先生、端木美女士、徐小虎女士、廖莹女士、何可约先生、范毅军先生、苏基朗先生、白晟先生、江照信先生、姜晓敏女士、刘猛先生、刘信一先生。

感谢曾给本书系列拙文提供初次付梓机会的《清华法学》暨林来梵先生、徐雨衡女士，《法制史研究》暨黄源盛先生、江存孝先生，《华东政法大学学报》暨李秀清女士、王沛先生、于明先生、陈灵海先生，《比较法研究》暨高翔先生、张生先生、米健先生、刘彰先生，《政法论坛》暨王人博先生、鄢梦萱女士，《鸿迹——纪念法学家端木正教授》暨王振民先生，《中国社会科学报》暨郭烁先生，《方圆律政》暨王立杰先生。

感谢一直以来给予我无私的爱与默默支持的父母、妻子和女儿。

最后，请允许我将本书献给我的伯父陈鸿博先生，感谢他多年来对我学业的关怀与奖掖，在其身上，我深刻地感受到家族尊长的责任与担当。

陈新宇

2014年8月8日于明理楼

Http://e.weibo.com/xinminshuo
E-mail:fanxin@bbtpress.com